KB273175

101

에코과학

101 에코과학

단어로 논술에서 교양까지

ⓒ 정종우 2026

초판 1쇄	2026년 3월 9일

지은이	정종우

출판책임	박성규		
편집주간	선우미정	펴낸이	이정원
기획이사	이지윤	펴낸곳	도서출판 들녘
기획·편집	김혜민	등록일자	1987년 12월 12일
디자인진행	조예진	등록번호	10-156
일러스트	에이욥프로젝트	주소	경기도 파주시 회동길 198
편집	이수연	전화	031-955-7374 (대표)
마케팅	이동하		031-955-7389 (편집)
경영지원	나수정	팩스	031-955-7393
제작관리	구법모	이메일	dulnyouk@dulnyouk.co.kr
물류관리	엄철용		

ISBN	979-11-7610-016-8 (43400)
세트	979-11-5925-777-3 (44080)

101
에코과학

정종우
지음

너른들

101개의 손잡이로 그려가는
에코과학 지도

우리가 사는 지구는 거대한 우주 속에서 아주 작은 점에 불과합니다. 칼 세이건은 보이저 1호가 찍어 온 사진 속 지구를 두고 "창백한 푸른 점"이라고 불렀지요. 그 한 점 위에서 우리는 숨을 쉬고, 먹고, 사랑하고, 다투고, 다시 화해하며 살아갑니다. 그리고 그 모든 순간은 보이지 않을 만큼 작은 생물부터 숲과 바다, 도시의 공기와 물길까지 서로 얽혀 있는 생태계의 그물 위에서 일어납니다.

저는 오랫동안 생물다양성과 진화, 생태계를 연구하며 "지식을 아는 것"과 "세상을 보는 것" 사이에는 분명한 거리가 있다는 사실을 자주 느꼈습니다. 생명이 무엇인지, 생물다양성이 왜 중요한지, 진화가 어떤 방식으로 작동하는지 '정답'을 외우는 것만으로는 충분하지 않았습니다. 중요한 것은, 그 개념들이 내 삶의 풍경과 연결되는 순간입니다. 길가의 풀 한 포기, 비 온 뒤의 흙냄새, 하천의 조용한 흐름, 도시의 밤하늘에 희미하게 남은 별빛이 과학의 언어와 만나는 순간, 우리는 비로소 "아, 그래서 우리가 자연을 배워야 하는구나."를 체감하게 됩니다.

그래서 이 책은 가능한 한 낯설지 않은 질문에서 출발하려고 했습니다. 매 꼭지의 문을 여는 문장은 "있잖아, 만약에 말이야." 처럼, 누구나 한 번쯤 마음속에 품어본 상상과 궁금증에 기대어 있습니다.

과학은 거창한 실험실에서만 시작되지 않습니다. "왜 어떤 생물은 살아남고 어떤 생물은 사라질까?" "내가 마시는 물은 어디에서 와서 어디로 갈까?" "도시의 불빛은 생물에게 어떤 밤을 만들까?" 같은 질문이 곧 과학의 첫걸음입니다. 저는 그 첫걸음을 독자 여러분이 혼자서도, 그리고 즐겁게 내디딜 수 있기를 바랐습니다.

또한 이 책은 '단어'로 과학의 뼈대를 세우는 방식으로 구성했습니다. 제목 그대로, '101개의 핵심 개념'을 통해 생명과 생태, 진화와 다양성, 환경 문제와 지속가능성의 흐름을 한눈에 이어보려는 시도입니다. 단어는 단순한 암기 대상이 아니라, 생각을 붙잡아주는 손잡이입니다.

단어 하나를 제대로 이해하면, 그 단어가 가리키는 세계가 함께 열립니다. '생명'이라는 단어가 열어주는 세포와 항상성의 세계가 있고, '생물다양성'이라는 단어가 열어주는 약속과 책임의 세계가 있습니다. 그렇게 101개의 손잡이를 따라가다 보면, 어느새 독자 여러분만의 '에코과학 지도'가 머릿속에 그려질 것입니다.

특히 저는 이 책이 수능과 논술을 준비하는 학생들에게도, 수업을 설계하는 선생님들에게도, 그리고 과학을 다시 배우고 싶은 모든 시민에게도 '읽히는 과학'이 되었으면 합니다. 개념을 정확히 하되 삶의 장면으로 연결하고, 설명을 친절히 하되 생각의 여백을 남기는 글을 쓰고자 했습니다. 때로는 짧은 해시태그처럼 핵심과 교과 내용을 연결해 붙잡아주는 장치도 넣었습니다.

부디 이 책이 여러분에게 정답을 더 빨리 맞히는 법만이 아니라, 세상을 더 오래 바라보는 눈을 건네길 바랍니다. 우리가 살아가는 집인 지구가 어떤 원리로 유지되고, 어떤 위기 속에 있으며, 어떤 선택을 통해 더 나은 방향으로 나아갈 수 있는지 함께 생각해보면 좋겠습니다.

책장을 덮는 순간에도, 여러분의 일상에서 새로운 질문 하나가 조용히 싹트기를 바랍니다. 그 질문이야말로 과학의 시작이고, 변화의 시작이니까요.

정종우 드림

생명
우주 속 '창백한 푸른 점'을 빛내는 생명이라는 기적

천문학자 칼 세이건은 보이저 1호가 1990년에 찍은 태양계 사진 속 지구를 보고 '창백한 푸른 점'이라고 했어요. 까만 우주 속 아주 작은 점이 바로 우리가 살고 있는 지구랍니다. 지구에는 수많은 생물이 살고 있어요. 우리는 강아지나 고양이, 화분의 식물처럼 생물을 가까이에서 보고 또 보살피며 살아갑니다. 그렇다면 생물이란 무엇일까요? 바위 위에 앉아 있는 까치를 보면 바위는 무생물, 까치는 생물이라는 걸 바로 알 수 있어요. 왜 그럴까요? "생물은 살아 있는 것이니까요."라고 말할 수도 있겠지요. 그렇다면 '살아 있다.'라는 것은 무엇일까요? 과학에서는 생물이 공통으로 지닌 특징을 통해 이를 설명해요.

먼저, 생물은 복잡하고 질서 있게 만들어져 있어요. 모든 생물은 일정한 구조와 순서를 가진 몸을 가지고 있지요. 생물학에서는 이를 '조직화된 구조'라고 해요. 아주 작은 부분들이 모여서 (조직) 더 큰 구조를 이루고(구조화) 이 구조들이 서로 협력해 생명을 유지합니다. 예를 들어 우리 몸은 산소, 탄소, 수소, 질소 같은 원소로 이루어져 있어요. 이들이 모여서 포도당이나 단백질 같은 분자를 만들고, 분자들이 모여 세포가 돼요. 세포는 생명의 기본 단위예요. 세포가 모여 근육이나 신경 같은 조직을 이루고, 이 조직들이 모여 위, 심장, 폐 같은 기관이 돼요. 기관들은 다시 소화계, 순환계처럼 협력해서 몸 전체를 움직이게 하지요. 이렇게 해서 하나의 생명체가 만들어집니다. 반면, 돌 같은 무생물은 원소들이 단순히 섞여 있을 뿐이에요. 아무리 멋진 돌이라도 스스로 움직이거나 살아 숨 쉬지는 않지요.

두 번째로 생물은 에너지를 사용해 몸을 유지해요. 생물이 살아 있으려면 먹고 숨 쉬며 움직이기 위한 에너지가 필요해요. 음식을 먹고 영양소가 몸속에서 분해되는 과정에서 에너지를 얻습니다. 이를 물질대사라고 해요. 또, 우리 몸은 항상 일정한 상태를 유지하려고 해요. 예를 들어 사람의 체온은 약 36.5도에서 유지됩니다. 너무 추워도, 너무 더워도 몸이 잘 작동하지 않습니다. 이처럼 몸 안의 상태를 일정하게 유지하려는 성질을 항상성이라고 불러요.

세 번째로 생물은 자손을 남기고 환경에 따라 변해요. 자신과 닮은 자손을 통해 종을 이어가죠. 환경이 바뀌면 적응하려고 변하는 진화를 거치며, 그 결과 어떤 생물은 살아남고 어떤 생물은 사라지기도 해요. 공룡이 사라진 자리에 다른 생물들이 등장해

그 자리를 채우고 있어요. 생물은 수백만 년에 걸쳐 변화해 왔답니다.

네 번째로 생물은 혼자 사는 것이 아니라, 다른 생물 및 환경과 어울려 연결되어 살아가요. 같은 종류의 생물이 모여 개체군을 이루고 상호작용하죠. 닭들이 모인 개체군에서 서로를 쪼아 서열을 만드는 것도 상호작용의 한 예입니다. 또 여러 종류의 생물이 자연계의 한(혹은 같은) 지역에 모여 사는 것을 군집이라고 해요. 여우가 토끼를 잡아먹거나, 꿀벌이 꽃가루를 날리는 것처럼, 서로 다른 생물끼리도 관계를 맺으며 살아가요. 생물은 무생물 환경과도 연결돼 있어요. 물, 공기, 흙 같은 환경 요소와 함께 살아가는 생물들의 집단을 생태계라고 불러요. 지구에 있는 모든 생태계를 합쳐 생물권이라고 부릅니다.

생물은 단순한 물질의 집합을 넘어, 스스로 조직하고 에너지를 흐르게 하며 끊임없이 변화하는 능동적인 존재입니다. 우주 속에서 우리가 살아 있다는 것은 그 자체로 경이로운 기적이며, 서로 연결되어 살아가는 모든 생명은 저마다의 소중한 가치를 지닙니다. 모두가 함께 어울려 살아가는 지구는 정말 소중합니다.

생물다양성협약

지구를 지키는 생명의 그물망과 다양성을 지키기 위한 약속

〈동물의 왕국〉 같은 프로그램이나 다큐멘터리를 보면 세상에는 정말 다양한 동물이 살고 있다는 것을 알 수 있어요. 동물마다 생김새도 다르고, 살아가는 환경도 아주 달라요. 이렇게 생물의 종류와 생활 방식이 다양한 것을 생물다양성이라고 해요.

생물다양성은 크게 세 가지로 나눌 수 있어요. 먼저 종 다양성이에요. 종은 생물의 종류를 말하는데 사자, 코끼리, 고양이, 참새처럼 서로 다른 생물 종류가 많을수록 다양성이 높은 거예요.

생태계 다양성도 있어요. 열대우림과 우리나라 숲처럼 기후와 생물이 다른 여러 생태계를 말해요. 그리고 유전자 다양성이 있어요. 같은 사람이라도 생김새나 성격이 다른 것처럼, 하나의 종 안에서도 유전자가 서로 다를 수 있거든요. 예전에는 사람들이 생물다양성의 중요성을 잘 몰랐어요. 최근에는 지구온난화, 오존층 파괴, 산림 파괴, 과도한 개발로 많은 동물과 식물이 사라지고 있어요. 이런 문제들로 사람들은 생물다양성을 지켜야겠다고 생각하게 되었죠. '모든 생명은 소중하다.'라는 생각도 커지고 있어요.

생물다양성은 우리 삶에도 큰 도움을 줘요. 생물에서 나온 유전자를 이용해 신약을 만들거나, 농작물 품종을 개량할 수도 있어요. 또 숲과 공기, 물을 건강하게 유지하는 데도 꼭 필요합니다. 이러한 인식 속에서 각 나라가 생물을 잘 보호하고, 그 이용으로 생긴 이익을 공정하게 나누자는 생각이 퍼졌어요. 그래서 1992년 브라질 리우 회의에서 '생물다양성협약(CBD)'이라는 약속을 만들었어요. 1993년부터 정식으로 시행되어 현재 196개 나라와 유럽연합이 참여하고 있어요. 이 협약의 목적은 "생물의 다양성을 잘 보호하자.""생물을 이용할 때 해가 되지 않게, 자연을 해치지 않게 사용하자.""생물을 이용해서 생긴 이익은 모두가 공정하게 나누자."입니다. 예를 들어, 한 제약회사가 아마존 숲에서 발견한 식물을 이용해 약을 만들었다면, 이익 일부는 그 식물이 자라는 나라와 나눠야 한다는 뜻이에요. 생물은 어느 나라의 중요한 자산이기 때문에 누군가 마음대로 이용하면 안 되거든요.

2010년에는 나고야 의정서라는 약속이 채택됐어요. 이 약속은 '유전자원을 어떻게 나누고 사용할지'에 대한 규칙을 담고 있습니다. 다른 나라의 생물 유전자원을 사용할 때는 반드시 허락을 먼저 받고 이익을 함께 나누도록 규칙을 정했어요. 예전에는 일부 선진국이 개발도상국에서 생물자원을 가져가서 이용해 큰 돈을 벌었지만, 그 나라에는 아무런 보상을 하지 않았거든요. 이런 문제를 막기 위한 국제적인 약속이 나고야 의정서입니다. 이렇게 해야 모든 나라가 자국의 생물다양성을 중요하게 인식하고 보호하려 할 테니까요.

　대한민국은 생물다양성협약과 나고야 의정서에 어떻게 대응하고 있을까요? 2017년에 유전자원 접근과 이익 공유에 관한 법률을 만들었고, 2018년부터 본격적으로 시행하고 있어요. 이 법은 우리나라 생물을 외국 기업이 사용할 때 꼭 대한민국 정부의 허락을 받도록 하고, 이익을 공유하도록 합니다. 대한민국의 생물도 소중한 자원이니까, 잘 보호하고 제대로 된 이익을 얻어야겠죠?

　정리하면, 생물다양성은 지구를 건강하게 유지하는 데 꼭 필요하고, 우리 삶과도 깊이 연결돼 있어요. 그래서 세계 여러 나라가 함께 협력해 지키려는 노력을 계속하고 있답니다. 앞으로도 우리 모두가 생물다양성을 소중히 여겨야 해요.

003

다윈
생명의 적응과 변화의 원리를
발견한 여정

찰스 다윈은 19세기 영국에서 활동한 과학자예요. 오늘날에는 '생물은 시간이 지나면서 조금씩 변하고, 그 변화가 쌓여 새로운 종이 생긴다'라는 개념이 익숙하지만, 다윈이 살던 당시에는 '생물은 처음 모습 그대로 변하지 않는다.'라고 믿는 사람이 많았습니다. 다윈은 여러 자료를 읽고 자연을 직접 관찰하며 생물이 환경에 맞춰 달라질 수 있다는 생각을 키웠고, 그 결과를《종의 기원》이라는 책으로 정리했어요. 이 책은 이후 멘델의 유전 연구와 함께 현대 생명과학의 기초가 되었습니다.

다윈은 어릴 때부터 자연을 좋아해서 곤충, 돌, 식물을 즐겨 관찰했어요. 하지만 처음부터 과학자가 되려 한 것은 아니었어요. 아버지 뜻에 따라 의대에 갔는데, 해부 실습이 너무 힘들어서 포기하고 신학을 공부하기도 했습니다. 자연을 관찰하고 연구하는 일에 흥미가 많았던 다윈은 여러 생물학자와 지질학자들을 만나면서 관심이 증대되었고, 결국 22살에 영국 해군의 조사선 '비글호'를 타고 5년간 세계 탐험을 떠납니다. 이 경험은 그의 생각을 크게 바꾸었어요. 항해 동안 다윈은 지진과 화산 활동 같은 자연 현상을 가까이에서 관찰했고, '지역에 따라 사는 생물이 다르다.'는 사실에 주목했습니다. 당시에는 '기후가 비슷하면 어디든 비슷한 생물이 살 것이다.'라고 생각하는 사람이 많았지만 다윈은 꼭 그렇지 않다고 생각했어요. 예를 들어 대서양 카보베르데 제도의 생물은 가까운 아프리카 대륙의 생물과, 태평양 갈라파고스 제도의 생물은 남아메리카 생물과 더 비슷했어요. 이를 통해 다윈은 섬의 생물이 가까운 대륙에서 이동해 와서 정착했을 것이라고 추측했습니다.

특히 갈라파고스 제도에서 관찰한 작은 새 핀치가 그에게 중요한 단서를 주었어요. 갈라파고스는 남아메리카에서 약 1,000킬로미터 떨어진 바다 한가운데 있는 화산섬이에요. 처음 섬이 생겨났을 때는 아무 생물도 살지 않다가 시간이 지나면서 바람을 타거나 바다를 떠다니거나, 새들이 옮겨가는 방식으로 다른 지역의 생물들이 들어와 살게 되었을 거예요. 갈라파고스에는 핀치가 여러 종류 살았는데, 신기하게도 섬마다 핀치의 모습이 조금씩 달랐어요. 다윈은 특히 부리 모양에 주목했습니다. 딱딱한 씨앗을 주로 먹는 핀치는 부리가 크고 튼튼했고, 곤충을 잡아먹는 핀치는 부리가 가늘고 뾰족했어요. 다윈은 "원래는 남아메리카의 비슷한 새 한 종류에서 시작했는데, 섬마다 환경과 먹이가 다르니까 세대가 지나면서 조금씩 다른 모습으로 변한 게 아닐까?"라는 의문을 제기했고, 이것이 바로 진화라는 개념을 이해하는 중요한 실마리가 되었죠.

'그러면 대체 새로운 종은 어떻게 생기는 걸까?' 영국으로 돌아온 다윈은 계속 고민했습니다. 생물은 사람들이 생각하는 것보다 훨씬 많이 태어납니다. 하지만 모두 살아남을 수는 없어요. 먹이와 공간이 한정된 상황에서 경쟁이 생기고, 환경에 더 잘 맞는 개체가 살아남아 자손을 남기게 됩니다. 다윈은 이처럼 '환경에 더 유리한 특징을 가진 개체가 살아남아 다음 세대로 이어지는 과정'을 자연선택이라고 불렀어요. 맬서스의 인구 이론이 이러한 생각을 구체화하는 데 도움을 주었습니다. 맬서스는 "인구는 빠르게 늘어나는데 식량은 한정되어 있으니 경쟁이 생길 수밖에 없다."라고 말했거든요. 다윈은 맬서스의 논리를 생물 세계에 적용했습니다. "생물도 마찬가지로, 모두가 살아남을 수 없으니 결국 살아남는 쪽과 그렇지 않은 쪽으로 갈린다."는 식으로요.

또 하나의 중요한 힌트는 비둘기 품종개량이었어요. 당시 영국에서는 사람들이 원하는 특징을 가진 비둘기만 골라 계속 교배시키는 일이 유행했어요. 그 결과 색깔이나 부리 모양, 몸집이 다른 다양한 비둘기가 만들어졌습니다. 다윈은 이를 보며, '사람이 선택해 생물을 바꿀 수 있다면 자연도 환경이라는 기준으로 선택해서 생물을 바꿀 수 있지 않을까?'라고 생각했어요.

물론 자연에서는 계획된 선택이 아니라, 살아남은 개체가 결과적으로 남게 됩니다. 그러던 중 알프레드 러셀 월리스라는 과학자가 다윈과 비슷한 결론에 도달해 논문을 준비하고 있다는 소식을 듣게 됩니다. 동남아시아에서 연구하던 월리스 역시 생물이 지역에 따라 다르다는 점에 주목하고 있었지요. 이 일을 계기로 다윈은 자신의 이론을 발표하는 것을 더 미룰 수 없다고 판단했고, 1859년에 《종의 기원》을 출판했습니다. 《종의 기원》이 나오자, 반응은 뜨거웠어요. 처음에는 반대도 강했고 논쟁도 컸죠. 하지만 다윈이 모은 풍부한 관찰 내용과 자료 덕분에 자연선택은 진화를 설명하는 핵심 개념으로 자리잡게 되었습니다. 이후 멘델의 유전 법칙이 더해지면서 변화가 다음 세대로 이어지는 원리까지 명쾌하게 설명되었고, 다윈의 사상은 현대 생명과학의 흔들리지 않는 뿌리가 되었습니다.

결국 다윈의 진화론은 생물이 고정된 존재가 아님을 말해줍니다. 생물은 환경에 적합한 모습으로 살아남으며 세대를 거쳐 끊임없이 변화하는 존재죠. 다윈이 제시한 공통 조상의 개념을 바탕으로, 현대 생물학은 모든 생명이 하나의 뿌리에서 시작되어 거대한 생명의 나무로 뻗어 나왔다고 본답니다.

004

적응진화
환경이 변하면
살아남는 생물도 달라져요

19세기 산업혁명 시기, 영국 맨체스터는 공장 굴뚝에서 나오는 시커먼 연기와 그을음으로 가득했어요. 이곳에 살던 회색가지나방은 원래 밝은색 개체가 많았는데 환경이 오염되고 나무껍질까지 검게 변하자, 어두운색 나방이 더 잘 살아남게 되었죠. 밝은색 나방은 새들의 눈에 잘 띄어 잡아먹히기 쉬웠던 반면, 어두운색 나방은 검은 배경에 몸을 숨기기 유리했거든요. 이처럼 공업화에 따라 생물의 색이 어둡게 변하는 현상을 공업암화라고 합니다. 과학자들은 실험을 통해 실제로 배경색과 나방의 색이 일치하지 않을 때 새들의 공격을 더 많이 받는다는 사실을 확인하며 환경이 생물의 생존에 결정적인 영향을 준다는 점을 밝혀냈어요.

찰스 다윈은 《종의 기원》에서 생물이 어떻게 변하는지 설명했어요. 생물은 자손을 많이 낳을 수 있는 능력이 있지만 자원은 한정되어 있어서 경쟁이 일어나요. 참새는 한 번에 알 여러 개를 낳고, 식물은 씨앗 수백 개를 만들기도 하지만 공간, 먹이, 빛 같은 자원은 한정적이거든요. 그러니 이 경쟁 과정에서 자원을 더 잘 차지한 개체만 살아남을 수 있는 거예요. 결과적으로 경쟁에서 이긴 개체는 환경에 더 잘 적응했다는 특징을 지니고요. 햇빛이 강한 지역에서는 피부색이 짙은 사람이 자외선으로부터 잘 보호받고, 햇빛이 약한 곳에서는 피부가 밝은 사람이 비타민 D를 더 잘 만들 수 있어요. 환경에 맞게 살아남는 특징이 자손에게 이어지고, 점점 그 특징을 가진 개체가 많아집니다. 이를 적응이라고 해요. 나뭇잎을 닮은 곤충의 보호색 역시 적응진화의 결과입니다. 환경에 맞는 특징이 선택되는 과정을 자연선택이라고 해요.

적응진화는 자연에서뿐만 아니라 우리 생활에서도 나타납니다. 항생제는 해로운 세균을 죽이는 약이지만 지나치게 자주 사용하면 항생제에 죽지 않는 세균이 살아남아 퍼지게 돼요. 이렇게 생긴 세균을 내성균이라고 해요. 살충제에 죽지 않는 모기가 늘어나는 현상도 같은 원리예요. 약이나 살충제를 사용할 때는 내성균의 진화를 부를 수 있음을 기억하고 신중해야 해요. 자연선택과 적응진화는 이 순간에도 우리 생활과 깊이 연결된 자연의 질서랍니다.

계통수
우리는 생명의 나무 속 한 가지랍니다

"모기 같은 해충은 다 없어지면 좋겠어요!" 이런 생각 해본 적 있지 않나요? 사실은 우리가 싫어하는 생물도 우리와 아주 먼 옛날의 조상을 함께 가진 친척이에요. 찰스 다윈은 《종의 기원》에서 생물이 환경에 맞게 변하면서 새로운 종으로 나뉘고, 결국 모든 생물은 아주 오래전 하나의 조상에서 시작됐다고 주장했어요. 이 생각은 지금도 생명과학의 중요한 기본 개념이에요.

"사람과 가장 가까운 동물은 무엇일까?"라는 질문에 침팬지를 떠올렸나요? 맞는 말이지만, 침팬지가 곧 사람의 조상이라는 뜻은 아니에요. 《종의 기원》이 처음 나왔을 때, "사람은 원숭이에서 왔다."라고 오해하는 사람도 많았고, 다윈을 놀리는 그림도 많았어요. 침팬지가 "내가 다윈의 할아버지야!"라고 말하는 광고도 있었대요. 실제 의미는 사람과 침팬지가 아주 오래전 같은 조상에서 갈라져 나왔다는 뜻이에요. 사람은 멸종한 네안데르탈인이나 데니소바인과 가까운 사이이고, 더 거슬러 올라가면 오스트랄로피테쿠스 같은 존재들을 거쳐 침팬지와 공통 조상에 이릅니다. 그래서 침팬지가 인류의 조상이라는 말은 맞지 않아요. 사람은 침팬지와 유전적으로 가장 가까워요. 그다음으로 고릴라, 오랑우탄, 긴팔원숭이(기번) 순으로 유전적으로 가까운 관계예요. 누가 누구와 가까운지, 어떤 조상을 공유하는지 나타낸 관계를 유연관계라고 합니다. 다윈은 이 복잡한 관계를 보기 쉽게 계통수라는 그림으로 처음 나타냈어요. 계통수는 뿌리에서 줄기가 뻗고 가지가 갈라지듯, 생물이 공통 조상에서 어떻게 나뉘었는지 보여줍니다. 다윈의 노트에 남겨진 작은 나무 그림은 오늘날 과학자들이 발전시킨 정교한 '생명의 나무(Tree of Life)'가 되었습니다. 이 계통수를 따라가면 지구상의 모든 생물은 결국 하나의 뿌리로 이어집니다. 사람과 침팬지는 Y자로 연결된 가까운 가지에 있어요. 여기에 고릴라가 추가되면 더 넓은 가지가 되겠지요. 결국 이 모든 가지는 하나의 뿌리와 조상으로 이어집니다. 거대한 나무의 끝에 달린 잎사귀들처럼, 우리 모두는 하나의 거대한 생명 역사를 공유하고 있는 셈입니다. 우리는 생명의 나무 위에서 모두가 같은 뿌리를 둔 소중한 존재랍니다.

맨 처음, 지구에서 생명은 어떻게 시작되었을까?

우리는 수많은 생물과 함께 살아갑니다. 생명은 언제, 어떻게 처음 생겼을까요? 이 질문은 지금도 과학자들이 열심히 연구하고 있는 큰 수수께끼예요. 호주 서부 필바라에서 약 35억 년 전에 만들어진 것으로 보이는 생명의 흔적이 발견됐어요. '스트로마톨라이트'라는 돌처럼 생긴 화석인데요. 광합성을 하는 아주 작은 미생물이 쌓아 올린 구조로, 당시에도 생명이 존재했음을 알려주는 중요한 증거랍니다.

과학자들은 생명의 시작에 대해 여러 가설을 제시했어요. 그중에서 가장 유명한 추측은 원시 수프 가설이에요. 옛날에 생명의 재료가 되는 수많은 물질이 바다에 녹아 있었고, 이걸 수프(국물)로 본 거예요. 번개나 화산, 자외선 같은 에너지가 작용하면서 점점 복잡한 물질(원시 생명체)이 만들어졌다는 생각이에요. 1950년대에 밀러라는 과학자는 이 가설을 실험으로 보여주었어요. 초기 지구의 공기를 흉내 내고 그 안에 전기를 흘려보냈는데, 정말로 아미노산 같은 간단한 유기물이 만들어졌어요! 원시 수프만으로는 생명이 생기기 어려웠을 수 있어요. 다른 가설들도 살펴볼까요? 먼저, 심해 열수 분출구 가설이 있어요. 바다 깊은 곳에는 뜨거운 물과 기체가 뿜어져 나오는 곳이 있어요. 생명에 필요한 무기질이 풍부하고, 반응을 일으키기에 좋은 열도 있어요. 이곳에서 생명이 처음 생겼을 수도 있다는 가설이에요. 점토 가설은 지구 표면에 있는 점토가 생명이 생기는 데 도움이 되었을 것으로 봐요. 점토 표면은 유기물이 붙어서 반응하기에 좋은 구조예요. 그래서 이곳에서 단순한 물질이 점점 복잡한 물질로 바뀌었을 수 있다고 해요. 세 번째는 조금 독특한 가설이에요. 우주 기원설이라고 하는데, 생명의 재료가 지구가 아니라 우주에서 왔다는 이야기예요. 혜성이나 운석이 우주에서 날아와 지구에 부딪히면서 생명의 재료를 가져왔다는 것이죠. 과학자들이 일부 운석에서 아미노산 같은 유기물을 발견한 적이 있어서, 완전히 말이 안 되는 건 아니에요. 아직 어떤 가설도 완전히 증명되지 않았으며, 하나의 가설보다는 여러 조건이 함께 작용했을 가능성이 큽니다. 이를 밝히기 위해 과학자들은 화학, 지질학, 우주과학 등 다양한 분야에서 생명의 기원을 연구하고 있습니다.

생물의 3역
생물을 세 가지 무리로
나눌 수 있다고요?

여러분은 방이 지저분할 때 어떻게 정리하나요? 옷은 겉옷, 윗옷, 바지, 속옷처럼 종류별로 나눠서 정리하면 입을 때 찾기도 쉽지요. 책이나 물건도 같은 종류끼리 정리하면 훨씬 편리합니다. 이런 정리 방법은 생물을 구분할 때도 비슷하게 사용돼요.

지구에는 매우 많은 생물이 살고 있으며, 그 수는 수백만 종에서 수억 종에 이를 것으로 추정돼요. 아주 오래전 사람들도 생물을 나름의 기준으로 나누어 이해했어요. 먹을 수 있는지, 독이 있는지 같은 기준으로 구분하며 위험을 피하고 기억하려 했지요. 누군가 독버섯을 먹고 아프면, 다른 사람에게 알려주고 이름을 붙여 기억했을 거예요. 과학이 발전하면서 생물 분류도 점점 체계적으로 바뀌었습니다. 고대 그리스의 아리스토텔레스는 생물을 동물과 식물로 나눴어요. 그는 《동물의 역사》라는 책에서 동물을 피가 있는 동물(오늘날의 척추동물)과 피가 없는 동물(무척추동물)로 나눴는데, 당시에는 사람의 피처럼 '붉은 피'만 '진짜 피'

로 여겼기 때문에 가능한 분류였습니다. 무척추동물 중에서 갑각류는 약간 푸른빛이 도는 피를 가지고 있어서 '피는 붉다.'라는 것은 잘못된 표현이지요. 반대로 무척추동물 중에서 지렁이는 척추동물처럼 붉은 피를 가졌답니다! 아리스토텔레스의 제자 테오프라스토스는 키 큰 나무, 키 작은 나무, 여러 해 사는 풀, 한 해만 사는 풀처럼 키와 형태에 따라 나눴어요. 이후로 2,000년 넘게 사람들은 동물과 식물이라는 두 그룹으로 생물을 구분했습니다.

18세기에 스웨덴 과학자 린네가 등장하면서 생물 분류는 큰 발전을 이루었어요. 린네는 생물의 형태(모양)를 기준으로 분류하고, 오늘날 우리가 쓰는 두 단어로 이루어진 학명을 만들었습니다. 사람의 학명인 '호모 사피엔스'도 이때 만들어졌지요. 린네가 정한 종-속-과-목-강-문-계의 생물 분류 체계는 지금도 널리 사용되고 있어요. 이후 찰스 다윈은 모든 생물이 공통 조상에서 나와 진화해 왔다고 설명했습니다. 이에 따라 생물 분류의 기준도 단순한 겉모습에서 벗어나, 서로 얼마나 가까운 친척인지 따지는 방향으로 바뀌었어요. 이를 계통분류라고 합니다. 예를 들어 과거에는 뱀, 도마뱀, 거북, 악어는 파충류, 타조, 독수리, 까치는 조류(새)로 파충류와 조류를 완전히 다른 그룹으로 나눴어요. 연구 결과 악어는 새와 더 가까운 친척이라는 사실이 밝혀져, 현재는 조류도 파충류의 한 갈래로 봅니다. 17세기 현미경의 발명은 생물 분류에 또 다른 변화를 가져왔어요. 눈에 보이지 않던 단세포 생물이 발견되었고, 이에 따라 동물과 식물 외에 핵이 있는 생물(원생생물), 핵이 없는 생물(모네라), 균류(버섯, 곰팡이 등) 같은 새로운 분류가 생겼습니다. 균류는 원래 식물에 속했지만 광합성을 하지 않는다는 이유로 식물에서 분리되었고, 이렇게 동물, 식물, 균류, 원생생물, 모네라의 다섯 계 분류 체계가 만들어졌어요. 20세기 후반에는 유전자를 이용한 분류가 시작되었습니다. 유전자 정보(유전자 서열)를 비교하면 겉모습과 상관없이 생물의 친척 관계를 알 수 있어요. 모든 생물은 유전자를 가지고 있죠. 이는 생물의 몸을 만드는 설계도 같은 건데, 유전자가 비슷하면 가까운 친척이라는 뜻이에요. 이를 바탕으로 생물을 동물, 식물, 균류, 원생생물을 포함하는 진핵생물역, 일반적인 세균이 속하는 세균역, 극한 환경에서 살아가는 생물들을 포함하는 고균역이라는 세 영역으로 나누는 3역 분류 체계가 확립되었습니다. 이 3역 분류는 생명이 어디서 왔고 어떻게 진화했는지를 잘 보여주는 분류 방법으로, 오늘날 생명과학의 기본이 되고 있어요. 이처럼 생물 분류는 단순히 이름을 붙이는 일이 아니라, 생물의 관계와 진화 과정을 이해하는 중요한 도구입니다.

세균과 고균

우리를 위협하기도 하지만 환경을 지키기도 해요

'세균'이라는 말을 들으면 어떤 느낌이 드나요? 많은 사람은 병을 일으키는 나쁜 존재를 떠올릴 거예요. 실제로 비브리오균에 오염된 생선을 먹거나 상처로 세균이 들어오면 콜레라나 비브리오 패혈증 같은 위험한 병에 걸릴 수 있어요. 과거에는 콜레라로 많은 사람이 목숨을 잃기도 했습니다. 하지만 세균은 우리가 생각하는 것보다 훨씬 다양한 모습으로 우리 주변에 존재하고, 지구 생태계에서 중요한 역할을 하고 있어요. 세균은 바다, 땅, 공기, 우리 몸 등 거의 모든 곳에 살고 있습니다. 예를 들어 인도양에서 바닷물이 빛나는 현상은 특정 비브리오균이 모여 빛을 내기 때문에 나타나요. 또 세균은 서로 신호를 주고받거나 유전자를 교환하며 소통하기도 합니다. 똑똑한 친구들이죠!

생물은 크게 세균역, 고균역, 진핵생물역의 세 영역으로 나뉘어요. 세균과 고균은 핵이 없는 원핵생물입니다. 원핵생물은 세포 안에 복잡한 기관(미토콘드리아나 엽록체 등)도 없어요. 이들은 다양한 환경에서 살아가며 여러 역할을 해요. 세균 안에는 DNA가 있고, 그중 일부는 플라스미드라는 작고 동그란 DNA로 존재합니다. 플라스미드는 다른 세균에게도 전달될 수 있는데, 만일 여기에 항생제를 이기는 유전자가 들어 있으면 이 유전자를 받은 세균도 항생제에 강해질 수 있어요. 그래서 항생제를 함부로 사용하면 안 됩니다. 너무 많이 쓰면 내성균이 생기는 거죠. 세균의 바깥에는 세포벽이라는 단단한 구조가 있어 몸의 형태를 유지해 줍니다. 이 세포벽은 펩티도글리칸이라는 물질로 이루어져 있는데, 사람이나 동물 세포에는 없는 성분이에요. 그래서 과학자들은 세균만 선택적으로 공격하는 항생제를 만들 수 있었죠. 예를 들어 페니실린 같은 항생제는 세균의 세포벽 형성을 방해해 세균을 죽입니다. 고균도 원핵생물이지만 세균과는 유전자 구조와 세포벽 성분이 달라요. 유전자 분석 결과, 고균은 세균보다 사람이나 동물 같은 진핵생물과 더 가까운 친척으로 밝혀졌습니다. 고균은 바다처럼 염분이 많거나 산소가 적은 곳, 뜨거운 온천처럼 극한 환경에서 사는 것으로 알려졌지만, 최근에는 흙이나 강, 동물의 몸속 같은 데서도 발견되고 있어요. 일부 고균은 메탄가스를 만들어 지구온난화에 영향을 주기도 합니다. 또, 염분이 많은 곳에서 사는 고균은 분홍색 색소를 가지고 있어서, 소금에 절인 생선에 분홍색 반점을 만들기도 합니다.

　피부염, 결핵, 식중독, 콜레라, 페스트처럼 세균 때문에 일어나는 질병도 있지만 모든 세균이 나쁜 건 아니에요. 오히려 우리에게 도움이 되는 세균도 아주 많아요. 예를 들어, 테르무스 아쿠아티쿠스라는 세균은 뜨거운 온천에서 사는 세균인데, 이 세균에서 나온 효소 덕분에 PCR 기술을 개발해 유전자를 증폭해서 범인을 찾는 과학 수사, 질병 검사, 유전자 연구에 널리 쓰고 있어요. 남세균은 광합성을 통해 공기 중의 이산화탄소를 이용해 생물이 사용할 수 있는 탄소를 만들어요. 이는 식물과 비슷하죠! 질소고정세균은 공기 중의 질소를 식물이 사용할 수 있는 형태로 바꿔서, 식물이 잘 자라도록 도와줘요. 또, 죽은 생물을 분해해서 자연 속에서 물질이 순환되게 도와주는 세균도 있고요.

우리 몸에도 유익한 세균이 살고 있어요. 장 속 대장균은 비타민을 만들고 배변 활동을 돕지요. 우리는 세균에게 살 장소를 제공하고 세균은 우리에게 필요한 것을 만들어줘요. 이처럼 서로 도움을 주고받는 관계를 공생이라고 해요. 세균은 이처럼 생태계를 유지하는 데 꼭 필요한 생물입니다. 우리는 세균을 잘 이해해서 병을 예방하는 방법을 알고, 좋은 세균을 잘 활용할 방법도 알아야 해요. 앞으로 여러분이 과학을 더 배운다면, 세균이 얼마나 다양한 일을 하는지 더 잘 이해하게 될 거예요!

#교과 #생식과_유전 #동물과_에너지 #미토콘드리아 #DNA #과학기술과_인류_문명

원생생물
안 보여도 어디에나 있고
빠질 수 없는 존재랍니다

우리가 흔히 알고 있는 세균이나 바이러스 외에도, 눈에 잘 보이지 않지만 자연에서 아주 중요한 역할을 하는 미생물이 있습니다. 바로 원생생물입니다. 원생생물은 민물과 바닷물, 축축한 흙이나 이끼 위 등 다양한 환경에서 살아가며, 주변 어디에서나 쉽게 찾아볼 수 있어요. 대부분 단세포이지만 미역처럼 여러 세포로 이루어진 다세포 생물도 포함됩니다. 이들은 세균이나 고균보다 훨씬 크고 구조가 복잡한 진핵세포로 이루어져 있어요.

원생생물의 생활 방식은 매우 다양합니다. 어떤 종은 광합성을 통해 스스로 양분을 만들고, 어떤 종은 다른 생물을 잡아먹거나 기생하며 살아갑니다. 대표적인 예가 말라리아원충입니다. 말라리아는 세균이나 바이러스가 아니라 원생생물인 말라리아원충 때문에 생기는 병으로, 지금도 전 세계에서 많은 피해를 주고 있습니다. 말라리아원충은 사람과 모기의 몸을 번갈아 오가며 생활하는 특이한 생물이에요. 원충에 감염된 모기가 사람을 물면 원충이 혈관을 통해 간으로 이동해 증식하고, 이후 적혈구로 퍼지면서 세포를 터뜨립니다. 이 과정에서 발열, 오한, 두통, 근육통 같은 증상이 나타나며, 어린이나 노약자에게는 특히 위험할 수 있습니다. 말라리아에 걸린 사람의 혈액에는 말라리아원충이 많아지고, 이 사람을 또 다른 모기가 물면 원충이 새로운 모기의 몸으로 들어갑니다. 모기 안에서 번식한 원충은 모기의 침샘으로 이동해 다른 사람을 감염시킬 준비를 하고 감염이 이어집니다. 원생생물 중에는 적조를 일으키는 와편모조류라는 무리도 있습니다. 이들 중 일부는 바다 생물인 산호와 공생하며 살아가요. 와편모조류는 광합성으로 만든 양분을 산호에게 제공하고 산호는 안전한 생활 공간을 내어줍니다. 이 덕분에 산호는 충분한 영양분을 얻어 바닷물 속 탄산칼슘으로 단단한 외골격, 즉 집을 만들 수 있어요. 산호가 모여 형성된 산호초는 많은 해양 생물의 서식지가 됩니다. 죽은 생물을 분해해 자연으로 돌려보내는 분해자 역할도 하지요. 병을 일으키는 병원체가 되기도 하고, 서로 도움을 주고받는 공생체로 살아가기도 합니다. 눈에 잘 보이지 않지만 원생생물 대부분은 자연을 건강하게 유지하는 데 꼭 필요한 존재랍니다. 생물들이 어떻게 살아가는지 하나씩 살펴보면 생명과 자연의 신비를 더 잘 느낄 수 있을 거예요.

🔍 #교과 #세포_분열 #발생 #식물과_에너지 #광합성 #동물과_에너지 #소화와_순환

동물
움직일 동, 스스로 움직일 수 있는 생물이에요

여러분은 강아지나 고양이와 살고 있나요? 한여름 울어대는 매미, 모래사장을 오가는 게. 이들은 모두 동물이에요. 우리 사람도 동물에 속하지요! 동물은 식물과 달리 스스로 움직일 수 있고, 다른 생물을 먹어 영양분을 얻어요. 대부분 암수로 나뉘고, 짝지어 알이나 새끼를 낳는 유성생식을 하며, 세포 여러 개로 이루어진 다세포 생물이에요. 세포가 모여 조직과 기관을 이루고, 심장이나 뇌 같은 기관은 생존에 매우 중요해서 크게 손상되면 살기 어려워요. 반면 식물이나 균류는 일부가 잘려도 살아갈 수 있어요. 동물이 움직일 수 있는 건 근육 덕분이며, 해면처럼 거의 움직이지 않는 경우도 있지만 살면서 적어도 한 번은 움직여야 동물로 분류돼요. 또 동물은 광합성을 하지 못해 외부에서 먹이를 얻어야 해요. 양분을 분해해서 에너지를 만들 때는 산소도 꼭 필요하죠.

지금까지 알려진 동물은 약 150만 종이 넘어요. 과학자들은 몸의 대칭, 어떻게 태어나서 자라는지, 조직이 얼마나 복잡한지 등을 기준으로 동물을 분류해요. 해면동물은 대칭이 없는 매우 단순한 구조로, 세포가 느슨하게 모여 있어 몸의 일부가 손상돼도 재생이 가능합니다. 해파리, 말미잘, 산호 등 자포동물은 방사대칭 모양이에요. 위아래는 있지만 왼쪽-오른쪽은 없죠. 이들은 물속에 떠 있거나 바닥에 붙어 살아요. 뇌는 없지만 신경세포가 그물처럼 퍼져 있어서 자극에 반응할 수 있어요. 지렁이, 조개, 곤충, 불가사리, 사람 같은 대부분의 동물은 좌우대칭 구조를 가지며 앞뒤와 위아래가 구분돼요. 머리에 감각기관이 집중돼 외부 자극에 빠르게 반응합니다. 이는 동물을 다른 생물과 구분하는 중요한 특징입니다. 특이한 점은, 불가사리처럼 별 모양인 동물인 극피동물은 어른이 되면 방사대칭처럼 보이지만 어릴 때는 좌우대칭이에요. 과학자들은 이들이 환경에 적응하는 과정에서 성체의 모양이 변한 것으로 보고 있어요.

이처럼 동물은 스스로 움직이고, 다른 생물을 섭취하며, 정교한 몸 구조를 통해 세상과 끊임없이 소통하는 특별한 존재입니다. 우리가 어렵지 않게 만나는 수많은 동물에게 수억 년 동안 진화해 온 생존 전략과 생명의 비밀이 숨겨져 있다니, 참 놀랍지 않아요?

캄브리아기 대폭발
6억 년 전,
대체 무슨 일이 있었던 걸까?

지구에 처음 생물이 나타난 것은 약 35억 년 전이라고 해요. 당시 생물은 지금의 세균처럼 아주 작고 단순했죠. 과학자들은 동물이 약 6억 년 전에 처음 나타났다고 보고 있어요. 이때의 동물은 형태와 구조가 매우 단순했어요. 그러다 약 5억 4천만 년 전부터 갑자기 다양한 동물이 한꺼번에 등장하기 시작했어요. 이를 캄브리아기 대폭발이라고 불러요. 캄브리아기 대폭발은 약 5억 4,100만 년에서 4억 8,500만 년 전 사이에 일어났어요. 이 시기에는 동물 종류가 급격히 늘고, 몸 구조도 훨씬 복잡해졌어요. 이전에는 동물 화석이 드물었지만 이때부터 다양한 화석이 많이 발견되기 시작했죠. 이처럼 중요한 화석들이 처음 발견된 곳은 캐나다 버제스 산의 혈암 지층입니다. 이후 중국 첸지앙, 그린란드 시리우스 파셋 등에서도 잘 보존된 화석이 발견되면서 이때가 동물 진화 역사에서 매우 중요한 시기로 여겨집니다.

그렇다면 왜 이 시기에 동물이 갑자기 다양해졌을까요? 과학자들은 몇 가지 이유를 제시해요.

　첫째, 바닷속 산소가 늘어났어요. 동물은 움직이고 에너지를 만드는 데 산소가 꼭 필요해요. 캄브리아기 초반 바닷속 산소가 증가하면서 더 복잡한 몸을 만들 수 있었고, 바다에 칼슘이 많아지며 단단한 껍질도 생겼어요. 둘째, 먹고 먹히는 관계가 본격화되면서, "먹히지 않으려면 껍질이 필요해!" "먹이를 빨리 잡으려면 감각이 더 좋아야 해!" 하고 경쟁했어요. 잡고 도망치는 과정에서 진화 속도가 빨라졌고, 이를 군비 경쟁이라고 해요. 셋째, 몸을 만드는 유전자에도 변화가 생겼어요! 모든 동물은 정자와 난자가 만나 만들어진 수정란이 자라서 어른이 되기까지 몸의 설계도를 따르는데, 이 설계도를 만드는 유전자인 혹스**Hox** 유전자에 변화가 생겼거든요. 이 유전자의 작은 변화로 몸 구조가 크게 달라질 수 있어 동물의 다양성이 빠르게 증가했어요. 캄브리아기 대폭발은 '동물 진화의 빅뱅'으로, 오늘날 주요 동물의 조상 대부분이 이 시기에 대거 등장했어요. 환경의 변화, 동물 사이의 경쟁, 유전자의 혁신이 한데 어우러져 지금의 동물 다양성을 만든 거대한 출발점이 되었습니다. 이 뜨거운 생존의 기록이 쌓이고 쌓여, 오늘날 우리 주변을 가득 채운 다채로운 동물들로 이어졌습니다.

#교과 #지권의_변화 #생물의_구성 #발생 #열의_이동 #에너지 #광합성 #생물_다양성

해면동물
구멍으로 물을 걸러 먹는
스폰지밥의 생존 전략

여러분, 스폰지밥 아시죠? 노란색 네모난 몸에, 눈을 동그랗게 뜬 그 친구 말이에요! 애니메이션 스폰지밥에는 해양 동물을 본떠 만든 캐릭터가 많이 나와요. 징징이는 오징어, 집게사장은 게, 뚱이는 불가사리, 플랑크톤은 아주 작은 바다 생물을 모델로 했죠. 하지만 주인공 스폰지밥은 실제 해면동물과는 꽤 달라요. 진짜 해면동물은 팔이나 다리, 눈과 입도 없고, 스폰지밥처럼 움직이거나 말하지도 못합니다. 다만 그 모습은 우리가 설거지할 때 쓰는 스펀지와 비슷한데, 이건 해면동물을 본떠 만든 거예요. 해면의 몸에는 아주 많은 구멍이 나 있는데, 이 구멍으로 물이 드나들며 먹이를 걸러 먹어요. 그래서 해면동물의 학명 '포리페라 **Porifera**'는 '구멍이 있는 생물'이라는 뜻이에요.

해면동물은 한자리에 붙어 살면서 물속 작은 생물이나 작은 먹이 조각인 유기물을 걸러 먹고 살아가요. 이 과정에서 깃세포 라는 특별한 세포가 도와줘요. 깃세포는 작은 채찍처럼 생긴 편모로 물을 끌어들이고, 그 안의 먹이를 잡아먹어요. 해면의 세포들은 서로 단단히 붙어 있지 않아서 몸 일부가 떨어져 나가도 살아갈 수 있습니다. 떨어진 조각이 다시 자라 새로운 해면이 되기도 하죠. 그래서 해면에는 심장이나 위 같은 기관이 없지만, 나름의 방식으로 잘 살아갑니다.

해면의 몸을 지탱하는 구조는 골편이라고 해요. 골편은 뼈대 같은 구조예요. 작지만 단단한 바늘처럼 생겨서, 석회(탄산칼슘)나 유리처럼 생긴 실리카(이산화규소)로 이루어져 있어요. 이는 해면의 종류를 구분하는 기준이 되며, 포식자를 막는 방어 수단이기도 해요. 먹으면 입이나 소화기관이 다칠 수 있어서 포식자가 해면을 먹어보고는 "다신 안 먹어." 하게 되는 거예요! 또 해면질이라는 단백질은 콜라겐처럼 세포를 서로 연결해주는데, 해면질만 있는 해면은 예로부터 천연 목욕 스펀지로 사용되어 목욕해면이라고 불립니다.

해면은 종류도 다양해요. 해면은 골편의 성분에 따라 석회해면, 유리처럼 생겨 여섯 방향으로 뻗은 유리해면(육방해면), 우리가 흔히 보는 보통해면으로 나뉘어요. 특히 흥미로운 해면으로는 해로해면이 있어요. 이 해면 안에는 해로새우 한 쌍이 살고 있는데요, 여기서 평생을 함께 보내요. 어릴 때 해면 구멍으로 들어간 새우가 자라면 밖으로 나올 수 없기 때문이죠. 여기에 부부가 한평생을 함께 살며 늙어간다는 뜻인 '해로'의 뜻을 담아 해로새우,

해로해면이라는 이름을 붙여주었어요. 낭만적이기도 하고 답답할 것 같기도 하네요.

해면은 생태계에서 물속 유기물을 걸러 물을 깨끗하게 하고, 몸속 공간을 다른 생물의 쉼터로 제공해요. 우리나라 바다에 사는 집게코르크해면은 소라게가 집처럼 이용하기도 해요. 또 해면 속에는 세균, 해조류도 함께 살 수 있죠.

해면이 만드는 독성 물질은 항암·항염 효과가 있어 약 개발 연구에도 활용되고 있어요. 스폰지밥은 우리에게 웃음을 주는 캐릭터지만, 생태계에서 해면동물은 바다를 정화하고 생물들의 휴식처가 되는 고마운 존재예요. 앞으로 바다에서 해면을 보게 된다면, 스펀지처럼 생긴 이상한 덩어리라고 생각하지 말고, "바다를 돕는 중요한 생물"이라는 사실을 떠올리면 좋겠습니다.

013

해파리, 말미잘, 산호!
이들이 가진 신기한 비밀

"해파리 출몰 주의!"

여름이 되면 뉴스에서 해파리에 쏘였다는 소식을 자주 듣게 되지요. 특히 제주도나 남해에서 해수욕을 하다 해파리에 쏘이면 피부가 붓거나 마비 증상이 나타나 병원에 실려가는 경우도 있어요. 한편, 바닷가 바위 주변 웅덩이에서는 초록색이나 갈색의 예쁜 말미잘을, 열대 바다에서는 화려한 산호초를 볼 수 있지요. 해파리, 말미잘, 산호는 모습도, 사는 곳도 다르지만 모두 자포동물이라는 무리에 속해요. 자포동물이라는 이름은 '쏘는 능력을 가진 동물'이라는 뜻이에요. 쐐기풀에 스치면 따끔한 것처럼 해파리의 촉수에는 자포라는 아주 작은 바늘 구조가 들어 있는데, 여기에 닿으면 자포가 튀어나와 찌르고 독소를 주입해요. 이 독으로 먹이를 잡거나 자신을 보호합니다.

자포동물은 둥근 컵처럼 생긴 원기둥 모양으로, 몸은 방사대칭이에요. 몸의 중심축을 지나는 어떤 방향으로 잘라도 좌우가 똑같은 대칭이 된다는 뜻이에요. 머리나 꼬리, 좌우 구분이 없죠. 그래서 어느 방향을 건드려도 비슷하게 반응해요. 말미잘을 툭 건드리면 놀라며 오므라들지요. 이런 구조 때문에 해파리는 물속을 둥둥 떠다니고 말미잘과 산호는 바닥에 붙어 삽니다. 놀라운 사실은, 이들에게는 입이 있지만 항문이 없어서 먹고 남은 찌꺼기도 입으로 내보내요. 사람처럼 입, 위, 창자, 항문 순으로 이어지는 소화기관이 없는 거예요. 몸속에는 주머니 모양의 공간이 있어서 호흡과 소화를 담당하고, 물을 채워 몸의 형태를 유지합니다. 그래서 해파리는 물속에서만 예쁜 모양을 유지할 수 있고 물 밖으로 나오면 물이 빠져서 흐물흐물해져요.

자포동물은 보통 두 가지 형태로 살아가요. 바닥에 붙어 입을 위로 향한 폴립 형태와, 물속을 떠다니고 입이 아래를 향한 메두사 형태예요. 해파리를 포함한 대부분의 자포동물은 처음에는 폴립 형태였다가, 나중에는 메두사 형태로 바뀌어요. 말미잘과 산호는 평생 폴립 형태로만 살아갑니다.

작은부레관해파리라는 이름을 들어봤나요? 사람의 팔다리를 마비시킬 정도로 독이 강한 자포동물인데, 이름에 해파리가 붙어 있지만 사실은 작은 폴립들이 모여 촉수처럼 보이는 구조를 만들었어요. 제주 바다에서 볼 수 있는 바다맨드라미도 폴립이 모인 거예요. 자세히 보면 여러 개체가 모여 하나처럼 보여요.

자포동물은 물고기, 갑각류 등 다른 해양 생물을 잡아먹는 포식자이기 때문에 바닷속 먹이사슬에서 중요한 역할을 해요. 특히 산호는 산호초를 만들어 많은 생물의 보금자리가 됩니다. 탄산칼 슘으로 만들어진 딱딱한 산호초에서 많은 물고기와 작은 생물들 이 숨을 수 있어요. 이처럼 산호초는 바다에서 생물다양성을 높 여주는 역할을 한답니다.

자포동물이 바다 생태계에서 얼마나 중요한 역할을 하고 있 는지 잘 아셨지요?

014

편형동물
좌우가 대칭되는
몸을 지닌 동물의 시작!

'편형동물'이라고 하면 낯설게 느껴지시나요? '플라나리아'라는 이름은 들어본 적이 있을 거예요. 플라나리아는 편형동물에 속하며, 우리나라 하천이나 호수에서 흔히 볼 수 있는 작고 납작한 생물이에요. 몸이 아주 작게 잘려도 다시 자라는 놀라운 능력을 가지고 있어요. 실험 결과, 몸이 무려 128조각으로 잘려도 전부 다시 살아났대요. 편형동물의 몸은 좌우대칭이에요. 좌우대칭이란 우리 몸처럼 왼쪽과 오른쪽이 거의 같은 구조로 앞뒤와 머리, 꼬리가 구분되는 형태를 말해요. 그 덕분에 감각기관과 신경이 앞쪽에 모이게 되었고, 앞을 보며 자극에 빠르게 반응할 수 있어요. 파리가 위험을 느끼고 재빨리 도망가는 것도 이런 이유 때문이에요. 편형동물이라는 이름은 몸이 납작한 데서 나왔어요. 몸이 얇고 평평하다 보니 공간이 없어 간이나 콩팥 같은 복잡한 장기는 없고, 장기가 근육 속에 파묻혀 있어 신체 구조가 비교적 단순해요.

현재까지 알려진 편형동물은 약 3만 종이며, 일부는 플라나리아처럼 자유롭게 살지만 많은 종은 기생충이에요. 대표적인 예로 대한민국 사람에게 잘 알려진 간흡충과 유구조충이 있어요. 간흡충은 민물고기를 날로 먹을 때 사람 몸에 들어와 쓸개관에 기생하며, 피를 빨아먹으며 살아가요. 오래 감염되면 쓸개관에 염증이 생기고 담도암까지 생길 수 있어요. 과거 우리나라에 담도암 환자가 많은 이유가 바로 이 때문이었대요. 유구조충은 머리에 갈고리가 있어서 창자에 착 달라붙어요. 이 기생충의 중간 숙주는 돼지인데, 예전에는 돼지에게 사람 배설물을 먹이는 일이 있었어요. 촌충의 알이 돼지 몸에 들어가면, 돼지고기를 덜 익혀 먹은 사람이 감염되기도 했죠. 그래서 "돼지고기는 꼭 익혀 먹자."라는 말이 생겼어요. 서양에서는 소고기를 덜 익혀 먹는 문화 때문에 소를 중간숙주로 하는 촌충 감염이 많아요. 스테이크를 거의 안 익혀서 '레어'로 먹으면 소 근육에 있던 촌충이 사람 몸에 들어올 수 있거든요.

혹시 열대지방의 논밭에 갈 일이 있다면 맨발로 다니지 마세요! 사람 피부를 뚫고 들어오는 기생충인 주혈흡충이 있기 때문입니다. 이 녀석은 혈관을 타고 몸 안으로 들어가서 방광이나 작은창자에 자리잡고 사람의 피를 먹으며 살아가요. 암컷과 수컷이 붙어 살면서 짝짓기를 계속하고, 알을 낳아 소변이나 대변으로 내보내죠. 문제는 그 배설물이 거름으로 쓰일 수 있고, 그 흙을 밟고 다니는 사람의 피부로 다시 침입할 수 있다는 거예요! 그래서 반드시 신발을 신고 다녀야 해요.

편형동물, 생각보다 다양하고 신기하죠? 잘려도 다시 살아나는 친구도 있고, 사람 몸에 기생하며 질병을 일으키는 친구도 있어요. 몸은 단순하지만 진화적으로는 매우 중요한 역할을 한답니다. 이런 생물들을 더 자세히 알아보면 과학이 훨씬 더 재미있어질 거예요!

015

연체동물
조개부터 문어까지, 부드러운 몸을 가진 동물이랍니다

오늘 점심, 무엇을 드셨나요? 저는 바지락 된장찌개를 먹었어요. 바지락이나 모시조개 같은 조개를 넣으면 국물 맛이 시원하고 감칠맛이 납니다. 사실 찌개에 들어가는 조개부터 바닷가에서 보는 홍합, 잔디 위 달팽이와 바다에 사는 오징어, 문어는 전부 연체동물이라는 한 가족에 속해요. 생김새는 전부 다른데 말이죠!

조개는 이매패류, 달팽이나 전복은 복족류, 오징어·문어·낙지는 두족류예요. 서로 모습과 환경은 달라도 모두 연체동물이라는 큰 무리에 포함돼요. 지금까지 알려진 연체동물은 11만 종이 넘고, 바닷속 깊은 곳부터 땅 위까지 다양한 환경에서 살고 있어요. 과학자들은 육지에 처음 올라온 동물도 연체동물이었을 거라고 생각해요.

연체동물은 기본적으로 세 가지 공통된 몸 구조를 가져요. 움직이거나 몸을 지탱하는 '발', 심장·소화기관 등 중요한 기관이 들어 있는 '내장낭', 그리고 내장낭을 감싸고 껍데기를 만들어내는 '외투막'이에요. 발은 동물마다 매우 다르게 생겼어요. 달팽이는 껍질 아래의 발을 꾸물꾸물 움직이며 기어 다니고, 오징어나 문어는 발이 다리와 깔때기로 진화해 깔때기를 통해 물을 뿜어 빠르게 이동해요. 조개류는 주로 바닷속 땅에 들어가 삽니다. 혀처럼 생긴 발을 내밀어 바닥 속으로 파고들죠. 굴이나 홍합처럼 바위에 붙어 사는 종류는 발이 거의 없어요. 조개껍데기를 열면 보이는 얇은 살은 외투막입니다. 외투막이 탄산칼슘 성분의 단단한 껍데기를 만들어 내장을 보호하고 때로는 몸을 지탱해요. 내장낭 안에는 심장, 소화기관, 배설기관, 생식기관이 들어 있어요.

특이한 조개도 있어요. 배좀조개는 나무를 파먹고 사는데, 예전에는 이 조개 때문에 나무로 만든 배나 부두가 약해져 부서지기도 했어요. 지금은 강철이나 콘크리트 구조물이 많아져 배좀조개를 보기 힘들어졌어요. 마치 소달구지가 사라지면서 소똥구리도 보기 어려워진 것처럼요. 해변에서 구멍 뚫린 조개껍데기를 본 적이 있나요? 그건 육식성 고둥이 남긴 흔적이에요. 이 고둥들은 혀처럼 생긴 치설이라는 구조로 조개껍데기에 구멍을 뚫고 조개를 먹어요. 서해안에 많은 큰구슬우렁이도 그런 고둥 중 하나예요. 이 고둥은 몸이 크고 맛이 좋아서 골뱅이 통조림 재료로 쓰이기도 합니다. 심지어 물고기를 마비시키는 고둥도 있어요! 청자고둥은 껍데기가 예쁘기로 유명한데, 코노톡신이라는 독을 가진 침으로 먹이가 되는 물고기나 갯지렁이를 마비시키고 먹어요.

이 독은 사람의 신경계에도 영향을 줄 수 있어 신약 개발 연구에 활용되고 있습니다.

연체동물 대부분은 뇌가 작고 지능이 높지 않아요. 조개, 고둥, 달팽이 같은 동물은 복잡한 사고를 하지 못해 단순한 행동만 하죠. 하지만 오징어·문어·낙지 같은 두족류는 예외예요. 이들은 뇌가 발달해 환경에 따라 색을 바꾸기도 하고, 감각기관이 매우 정교해요. 특히 문어는 학습 능력과 기억력이 뛰어난 것으로 유명해요. 2010년 월드컵 경기 결과를 맞힌 문어 파울이나, 다큐멘터리 〈나의 문어 선생님〉에서 보인 문어와 인간의 교감을 떠올리면 얼마나 똑똑한지 알 수 있어요.

연체동물은 식탁 위에서 만나는 친숙한 해산물이지만, 과학적으로는 무궁무진한 비밀을 간직한 흥미로운 생물입니다. 다양한 모습과 생활 방식, 진화 이야기까지 정말 매력이 가득하죠. 다음에 바지락 된장찌개를 먹을 때 "이 친구는 연체동물의 대표야!" 하고 떠올려보세요. 세상에 대해 더 많이 알고 맛있게 먹는 것도 과학을 더 재미있게 느끼는 방법이 될 거예요!

환형동물
고리 모양의 몸을 지닌
지하 터널 전문가

뉴스에서 '터널 굴착기'로 지하를 파는 장면을 본 적 있지요? 거대한 기계가 땅을 뚫어 터널을 만드는 모습은 정말 인상적이에요. 이런 일은 자연에서도 자주 일어나요. 두더지, 토끼, 오소리, 개미, 땅강아지, 그리고 지렁이 같은 동물도 땅을 파며 살아가거든요. 특히 지렁이는 몸이 고리처럼 나뉜 구조 덕분에 아주 효율적으로 땅을 팔 수 있어요. 지렁이는 갯지렁이, 거머리와 함께 환형동물이라는 무리에 속합니다. 환형동물은 '고리 모양의 동물'이라는 뜻이에요. 지렁이를 자세히 보면 몸에 가로줄이 여러 개 있는데, 마치 고리가 이어진 것처럼 보여요. 이 고리를 체절이라고 해요. 환형동물의 학명 '안넬리다Annelida'도 고리를 뜻하는 라틴어에서 유래했답니다.

체절은 겉모습뿐 아니라 안쪽도 나뉘어 있어요. 각 체절 안에는 몸 형태를 유지하는 액체와 근육이 들어 있고요. 길이를 조절하는 종주근과 굵기를 조절하는 환상근이 번갈아 수축·이완하면서 앞부분은 가늘게 늘어나 흙을 파고 뒤쪽은 굵어져 닻처럼 땅을 딛고 몸을 지탱해요. 덕분에 지렁이는 흙속을 매우 효율적으로 이동할 수 있어요.

환형동물은 종류가 다양해요. 다모류는 털이 많은 환형동물로, 미끄러지지 않게 털이 도와줍니다. 얼음 위를 걸을 때 아이젠을 신는 것과 비슷하죠. 대부분 바닷속에서 살며 굴을 파거나 활발히 움직이기 때문에 눈이나 촉수 같은 감각기관이 잘 발달해 있어요. 이동성이 거의 없는 종류는 굴속에 몸을 고정하고 바깥으로 촉수를 뻗어 먹이를 먹기도 합니다. 반면 지렁이는 빈모류에 속해요. 이름처럼 털이 거의 없어 보이지만, 짧은 털이 체절마다 있어 땅속 이동을 돕습니다. 빈모류에는 지렁이와 물속에 사는 실지렁이도 있어요.

지렁이는 우리 삶에 매우 중요한 생물이에요. 땅속을 오가며 흙에 공기가 잘 통하게 하고, 식물 뿌리에 산소를 공급해요. 또 썩은 유기물을 먹고 식물이 이용할 수 있는 무기질을 배출해 땅을 비옥하게 만들죠. 만약 지렁이가 사라진다면 흙은 단단해지고, 물이 잘 빠지지 않아 식물도 자라기 어려워질 거예요.

환형동물에는 거머리도 있어요. 거머리 앞뒤에는 빨판이 있어 숙주에 붙거나 기어다닐 수 있습니다. 피를 빨 때는 숙주에게 상처를 낸 뒤 히루딘이라는 물질을 분비해 혈액이 굳지 않게 하는데, 이 성분은 의학적으로 매우 중요해요. 예전에는 나쁜 피를 빼내는 데 거머리를 썼지만 현재는 생명공학 기술을 이용해 인공적으로 히루딘(혈액의 응고를 막는 성분)을 만들어 혈액순환 치료나 상처 치료에 활용하고 있어요.

지렁이나 거머리를 보면 몸 중간에 다른 마디보다 두꺼운 띠처럼 보이는 환대가 있어요. 이는 피부 아래에 있는 분비샘이 발달해서 생긴 것으로, 생식과 관련된 구조예요. 지렁이는 암수한몸으로, 두 마리가 정자를 교환합니다. 이후 환대에서 만들어진 끈적한 물질이 고리를 만들어 머리 쪽으로 이동하며, 자신의 난자와 상대에게서 받은 정자를 그 고리에 담아 배출합니다. 그 안에서 수정이 이루어지며, 이 고리는 수정란을 보호하는 알주머니가 됩니다.

지렁이, 거머리, 갯지렁이 같은 환형동물은 눈에 잘 띄지 않지만, 흙을 건강하게 만들고 생태계를 유지하는 데 중요한 역할을 해요. 다음에 지렁이를 본다면, 땅을 살리는 작은 영웅으로 떠올리고 응원해주세요!

017

선형동물

지구의 모든 곳에
존재하는 동물이 있다고요?

지금은 거의 볼 수 없지만, 1980년대 이전에는 학교에서 해마다 두 번씩 기생충 검사를 했습니다. 채변 봉투에 대변을 담아 제출하고, 기생충이 발견되면 약을 먹어야 했지요. 당시 흔히 발견되던 기생충 중 하나가 바로 회충이었습니다. 회충은 사람의 작은 창자에 살며 우리가 먹은 영양분을 빼앗아 먹었기 때문에, 영양 상태가 좋지 않던 시절에는 큰 문제가 되었습니다. 회충뿐 아니라 십이지장충, 요충, 사상충 같은 기생충도 모두 선형동물에 속합니다. 식물을 말라 죽게 만드는 소나무재선충 역시 선형동물의 한 종류입니다.

선형동물의 몸은 비교적 단순합니다. 겉은 각피라는 단단한 껍질로 덮여 있고, 지렁이처럼 마디로 나뉘어 있지 않습니다. 근육은 좌우 방향으로만 움직일 수 있어서 몸을 좌우로 흔들며 이동합니다. 내부 장기 수도 많지 않아 구조가 단순한 편입니다.

현재까지 알려진 선형동물은 약 2만 5천 종이지만, 실제로는

100만 종 이상일 것으로 추정됩니다. 수 또한 매우 많아서, 비옥한 농지 4천 제곱미터 안에 수십 억 마리가 살 수 있고, 썩은 사과 하나에도 9만 마리가 들어 있을 수 있습니다. 거의 모든 동식물에는 그에 기생하는 선형동물이 존재합니다.

"만약 우주의 모든 물질이 사라지고 선형동물만 남는다면, 산과 계곡, 바다, 그리고 사람들이 살던 마을의 형태까지도 알아볼 수 있을 것이다. 인간과 함께 살아가던 선형동물들이 그 자리에 그대로 남아 있을 것이기 때문이다." 선형동물 연구의 선구자인 네이선 코브 박사가 남긴 말입니다. 정말 놀라운 상상이지요? 그만큼 선형동물이 우리 주변 곳곳에 널리 분포해 있으며, 매우 다양한 종류로 존재하고 있음을 보여줍니다.

우리에게 익숙한 선형동물은 대부분 기생충입니다. 옛날에는 사람 대변으로 퇴비를 만들었기 때문에 회충 알이 농작물에 묻는 일이 많았어요. 회충은 농작물에 묻은 알이 몸속으로 들어오면서 감염됩니다. 알에서 깨어난 회충은 바로 장에 자리 잡지 않고, 소화기관을 뚫고 혈관을 따라 온몸을 이동해 폐까지 갔다가 목구멍까지 올라와서 다시 삼켜져 작은창자에 정착합니다. 복잡한 여정이죠. 사상충은 모기를 통해 사람에게 옮겨지며, 림프절을 막아 상피증 같은 질병을 일으키기도 합니다. 실처럼 가늘어서 실 사絲 자를 써요. 림프는 혈액과는 다른 노란 액체인데, 면역과 순환을 돕는 역할을 합니다. 림프절이 막히면 림프액이 고여 피부가 두껍고 딱딱해져요. 그래서 피부가 마치 코끼리처럼 변하는 병, 상피증이 생기게 돼요.

선형동물은 식물에도 큰 피해를 줍니다. 소나무재선충병은 한 번 감염되면 소나무가 반드시 죽는 치명적인 병으로, 전염력이 매우 강해 주변 나무까지 제거해야 합니다. 이 선충은 북방수염하늘소와 솔수염하늘소라는 곤충이 옮기며, 감염된 하늘소가 소나무를 갉아 먹을 때 침입해요. 선충이 소나무 안에서 빠르게 번식하면서 수분과 영양을 운반하는 통로를 막아버리기 때문에 소나무는 말라 죽게 돼요.

모든 선형동물이 해로운 것은 아닙니다. 대부분은 흙과 물에서 살며 물질순환에 기여합니다. 특히 예쁜꼬마선충은 생명과학 연구에 중요한 모델 생물로, 몸을 구성하는 세포 수가 일정하고 3일이면 성체가 되며, 사육이 쉽기 때문에 유전과 발생 연구에 널리 활용되고 있습니다. 눈에 잘 띄지는 않지만, 선형동물은 자연과 인간 모두에 큰 영향을 미치는 존재입니다.

018

유선형동물
영화 〈연가시〉의 실제 모델, 숙주를 조종해요!

'고르디우스의 매듭' 이야기를 들어본 적 있나요? 옛날 프리기아라는 나라의 왕 고르디우스가 매우 복잡한 매듭을 만들었고, "이 매듭을 푸는 자가 아시아를 지배할 것이다."라는 신탁이 전해졌다고 합니다. 아무도 이 매듭을 풀지 못하던 중 알렉산더 대왕(마케도니아 알렉산드로스 3세)이 매듭을 풀기 위해 애쓰다 화가 나서 칼로 단번에 잘라버렸고, 실제로 아시아를 정복하게 됩니다. 그래서 지금도 풀기 힘든 문제를 두고 '고르디우스의 매듭'이라고 불러요. 이 이야기는 오늘 소개할 생물과 관련이 있어요. 하천이나 연못에서 실처럼 가늘고 긴 생물이 서로 얽혀 있는 모습을 보면, 꼭 고르디우스의 매듭처럼 보이거든요. 그래서 이 생물의 학명은 '고르디우스Gordius' 우리말로는 연가시예요. 유선형동물은 전 세계에 약 350종 정도 알려져 있고, 몸길이는 몇 밀리미터에서 길게는 1미터에 이르기도 해요. 대부분 성체는 연못, 개울, 습한 낙엽층처럼 물기가 많은 곳에서 살아요. 녹조류나 이끼층에서 발견되기도 해요. 2012년 개봉한 영화 〈연가시〉에 등장한 생물도 유선형동물을 모티브로 했어요. 영화에서는 사람이 연가시에 감염되어 식욕과 갈증을 느끼다 물속에 뛰어들어 죽게 됩니다. 실제로 유선형동물은 사람에게 기생하지 않으니 걱정하지 않아도 됩니다!

유선형동물은 주로 곤충에 기생해요. 알은 물속에서 부화하고, 알이나 유생이 물속 작은 동물에게 먹힌 뒤 그 몸속에서 살아남습니다. 이후 모기나 잠자리처럼 물에서 자라 육지로 나가는 곤충의 몸을 타고 이동합니다. 그러다 마지막에는 곤충을 물속으로 들어가게 만들어 곤충이 죽으면 그 몸에서 빠져나와 물속으로 돌아오죠. 물속에서 성체가 된 유선형동물은 짝짓기와 산란을 마치면 생을 끝내요. 성체는 입과 소화기관이 거의 없어 오랫동안 살지 못하거든요. 오로지 짝짓기와 번식을 위해 성체가 되는 셈이에요.

비록 영화에서는 공포의 대상으로 그려졌지만, 실제 유선형동물은 사람에게 해를 끼치지 않아요. 사람 몸에서 연가시가 나온다거나, 물에 사람을 뛰어들게 만드는 일은 현실에서 일어나지 않아요. 오히려 독특한 생애와 행동으로 생물의 다양성과 진화의 신비를 느끼게 해주는 흥미로운 존재랍니다.

절지동물
생존 비결은 단단한 갑옷과 유연한 마디에 있어요

중세 기사의 전신 갑옷을 본 적 있나요? 동물 중에도 갑옷으로 몸을 단단히 보호하면서도 관절을 자유롭게 움직이는 종이 있어요. 바로 절지동물입니다. 게, 새우 같은 갑각류, 곤충, 거미가 여기에 속하죠. 이들은 몸 바깥쪽에 단단한 외골격을 가지고 있으며, 지구상에서 가장 번성하여 그 종류만 약 120만 종이 넘고 개체 수는 10의 18제곱 마리나 됩니다.

이렇게 번성할 수 있었던 가장 큰 이유는 외골격 덕분이에요. 키틴 성분의 외골격은 가볍고 단단할 뿐 아니라 몸속 수분이 증발하는 것을 막아줘 건조한 육지에서도 생존을 가능케 합니다. 또, 부속지가 다양한 역할로 변형돼요. 절지동물의 몸은 여러 마디로 나뉘어 있고 마디마다 각자의 역할을 하는 팔다리가 달려 있어요. 예를 들어 더듬이는 감각기관 역할을 맡고, 입 주변 부속지는 먹는 데 쓰이며, 가슴의 부속지는 걷거나 날아다니는 데 사용돼요. 생식에 필요한 부속지도 따로 있답니다. 새우는 배에 달린 다리로 헤엄치고, 게는 배를 가슴 쪽에 붙이고 걷는 데 특화되었으며, 곤충은 배 쪽 부속지를 줄이고 날개를 발달시켜 날 수 있어요. 상황과 환경에 맞게 몸의 특정 부위가 변하는 능력, 정말 대단합니다. 하지만 외골격은 완벽하지 않아요. 외골격은 죽은 조직이라 몸이 자랄 때 같이 커지지 않아요. 그래서 몸이 커지면 껍질을 벗는 탈피를 해야 하는데, 이때는 새로운 외골격이 단단해지기 전까지 매우 위험해요. 또 외골격이 무거워지기 때문에 몸을 크게 키우기 어렵죠. 그래서 가장 큰 곤충도 길이가 20센티미터 미만이에요.

바닷속에 사는 갑각류는 곤충보다는 큰 몸을 가질 수 있어요. 바닷물의 부력 덕분에 무게 부담이 줄어들거든요. 예를 들어 일본거미게는 다리를 펼치면 3.8미터나 된답니다.

한 생물이 진화하면서 좋은 점을 얻으면 반드시 불편한 점도 따라옵니다. 이를 '진화의 맞교환'이라고 해요. 모든 게 다 좋은 진화는 없지요. 절지동물은 육각류, 갑각류, 다지류, 협각류로 나뉘며, 각기 다른 환경에서 다양한 방식으로 살아가고 있어요. 이렇게 절지동물은 절지동물이라는 한 그룹 안에서도 다채로운 이야기를 지닌 무리랍니다. 각각의 절지동물에 대해 차근차근 알아볼게요.

020

곤충
적응성과 전문성을 갖춘
지구의 지배자

지구에서 가장 다양한 생물은 바로 곤충이에요. 곤충은 일상에서 흔하게 만날 수 있죠. 여름에는 모기가 귀찮게 굴고, 봄이나 가을에는 나비와 잠자리가 날아다녀요. 들판과 논에는 메뚜기와 여치가 뛰어다니고, 꽃 주변에서는 벌이 분주하게 꿀을 모읍니다. 만약 곤충들이 사라진다면 자연의 모습은 크게 달라질 거예요.

곤충은 아주 오래전부터 지구에 살아온 생물이에요. 곤충은 절지동물이라는 큰 무리에서 갈라져 나왔는데, 절지동물의 조상은 원래 바닷속에서 살던 동물들이었어요. 약 4억 년 전 이들 중 일부가 육지로 올라오면서 곤충과 비슷한 조상들이 등장했어요. 곤충은 다리가 여섯 개인 육각류에 속합니다. 그렇다고 해서 육각류가 모두 곤충인 것은 아니에요. 톡토기처럼 작은 육각류 동물은 곤충에 포함되지 않아요. 곤충이 이렇게 번성할 수 있었던 이유 중 하나는 날개예요. 대부분의 곤충은 잠자리, 나비, 파리처럼 날 수 있어요. 한 쌍 또는 두 쌍의 날개로 자유롭게 이동합니다. 날 수 있다는 것은 더 넓은 공간에서 먹이를 찾고 짝을 만나며, 위험을 빠르게 피할 수 있다는 뜻이지요. 곤충은 입 형태도 매우 다양해요. 메뚜기는 식물을 갉아 먹고, 모기는 다른 동물의 피를 빨며, 나비는 빨대처럼 긴 입으로 꽃의 꿀을 빨아 먹습니다. 이처럼 다양한 입 구조 덕분에 곤충은 각기 다른 환경에서 여러 먹이를 먹고 살아갈 수 있어요.

호흡 방식도 독특해요. 사람처럼 허파로 숨을 쉬지 않고 몸에 있는 '기관'이라는 공기 통로를 이용해서 호흡해요. 몸 표면의 작은 구멍을 통해 공기가 들어오면 기관을 통해 산소가 세포에 직접 전달되고 이산화탄소를 내보내요. 그래서 곤충은 작지만 효율적으로 숨쉴 수 있어요. 곤충에게도 피는 있지만, 산소를 운반하지는 않고 주로 영양분이나 호르몬을 나르는 역할을 해요.

"모기 같은 해충은 왜 존재하나요?" 학생들이 이런 질문을 종종 합니다. 곤충 중에는 해충도 있고 익충도 있지만 모기도 생태계에서 중요한 역할을 맡고 있어요. 모기 유충은 물속에서 다른 생물의 먹이가 되고, 성체 모기는 새나 박쥐의 먹이가 되죠. 일부 모기는 꽃가루를 옮기는 역할을 해요. 우리에게는 불편한 존재일지라도 자연 속에서 저마다의 역할을 수행하고 있답니다.

021

공진화
수억 년을 이어온
곤충과 식물의 협력 관계

곤충은 절지동물 중에서도 가장 수가 많고 다양해요. 아무리 적응력이 좋다고 해도 왜 그런 걸까요? 많은 과학자는 곤충과 식물이 수백만 년 동안 서로 영향을 주고받으며 함께 진화한 공진화 덕분이라고 설명합니다. 약 4억 7천만 년 전, 고생대 오르도비스기에 이끼류와 몇몇 절지동물이 먼저 육지에 왔고, 곤충은 그보다 약간 뒤인 4억 년 전 데본기에 나타났죠. 초기 곤충 중에는 식물을 먹는 종도 있었어요. 중생대 백악기부터 식물과 곤충은 본격적으로 다양해졌어요. 이때 꽃이 있는 식물인 속씨식물이 많아졌고, 꽃과 곤충은 서로에게 꼭 필요한 존재로 함께 진화했답니다.

꽃은 식물의 생식기관이에요. 꽃의 수술에서 생긴 꽃가루가 암술머리에 옮겨져야 식물이 씨앗을 만들 수 있죠. 꽃가루가 암술머리에 닿는 것을 수분이라고 해요. 식물은 움직일 수 없잖아요? 그래서 곤충이나 바람 같은 수분 매개자의 도움이 필요해요.

바람으로 수분하는 식물도 있지만 많은 식물은 꿀이나 꽃가루로 곤충을 유혹해서 수분을 도와달라고 해요. 곤충은 먹을 걸 얻고, 식물은 씨앗을 퍼뜨릴 수 있어서 서로 '윈윈'이죠! 재미있는 일화도 있어요. 다윈은 한 난초의 꿀이 꽃 깊숙한 곳에 있는 걸 보고, "이걸 먹으려면 주둥이가 엄청 긴 곤충이 있을 텐데!"라고 생각했어요. 20년쯤 후에 그 난초의 수분을 돕는 긴 주둥이 나방이 발견되었답니다!

물론 곤충과 식물이 서로 돕기만 하는 건 아니에요. 어떤 곤충은 꽃가루나 꿀이 아닌 잎, 줄기, 씨앗을 먹고 살아요. 자신을 지키기 위해 식물도 다양한 방어 전략을 발전시켰어요. 가시나 털로 몸을 보호하거나 곤충이 싫어하는 화학물질을 만들기도 해요. 어떤 식물은 개미 같은 육식성 곤충과 친구가 되어 수비대로 삼기도 해요. 초식 곤충들도 방어를 뚫기 위해 진화했고, 이런 공격과 방어의 반복이 곤충과 식물의 다양성을 더 높였답니다. 우리가 잘 아는 카페인도 식물이 만든 2차 대사물질입니다. 여기서 2차 대사물질이란, 어떤 생물이 스스로 살아가는 데 필요하지 않음에도 만든 물질을 말해요. 카페인은 원래 곤충이 먹지 못하게 하려던 독 같은 물질인데, 사람은 커피로 카페인을 섭취하며 집중력을 높이고 있어요. 신기하죠? 이렇게 곤충과 식물은 수백만 년 동안 서로 영향을 주고받으며 놀라울 만큼 다양해졌어요. 서로 친구가 되기도 하고, 적이 되기도 하면서 말이죠.

　　결국 오늘날 우리가 마주하는 풍성한 자연은 식물과 곤충이 수억 년 동안 때로는 다정한 친구로, 때로는 치열한 경쟁자로 상호작용하며 빚어낸 거대한 작품입니다. 식물은 곤충에게 생존을 위한 먹이를 제공하고, 곤충은 식물의 대를 잇는 번식의 전령사가 되어 서로의 운명을 지탱해 왔습니다. 이처럼 서로가 서로에게 필수적인 존재가 되어 함께 진화해 온 경이로운 연결고리 덕분에, 지구 생태계는 지금 이 순간에도 눈부신 생명력을 이어가고 있습니다.

포식기생

기생과 포식 사이
생태계 균형을 잡는 생존술

영화 〈에일리언〉을 보면 영화 속 외계 생물이 사람 몸속에 알을 낳고, 나중엔 그 알에서 부화한 에일리언이 사람 몸을 뚫고 나옵니다. 정말 무섭죠! 이 설정은 상상만으로 나온 게 아니라, 실제 자연에 존재하는 포식기생이라는 현상에서 아이디어를 얻은 거예요. 생소한 말이겠지만, 포식기생은 어떤 동물이 다른 동물 몸속에 알을 낳고 그 알이 부화하면서 숙주를 안에서부터 먹고 결국 죽게 만드는 현상이에요. 기생만 하는 것도 아니고, 먹기만 하는 것도 아닌, 기생과 포식의 중간쯤 되는 특별한 방식이죠! 포식기생을 하는 동물로는 앞서 살펴본 연가시 같은 유선형동물이나 맵시벌, 좀벌, 호리벌 같은 벌 종류, 기생파리 종류 그리고 일부 딱정벌레가 있어요.

이들은 공통적인 특징을 보여요. 첫째, 대부분 숙주보다 몸집이 작아요. 둘째, 숙주가 주로 애벌레일 때만을 골라 공격해요. 셋째, 알을 낳은 후 숙주는 당장 죽지 않고 내부에서 기생동물이 다

자랄 때까지 살아 있어요. 예를 들어 기생벌은 나방 애벌레 같은 곤충 몸에 알을 낳고 시간이 지나면 벌이 그 안에서 자라서 나옵니다. 애벌레가 번데기를 만들어도 안에서 기생벌이 부화하고 나와서 숙주는 나방 성체가 되지 못해요. 벌처럼 유명하진 않지만, 기생파리도 포식기생을 합니다. 이 파리들은 유충일 때 다른 곤충이나 거미 또는 지네 등의 몸에 들어가서 살아갑니다. 어른 파리는 꽃을 찾아 꿀을 먹기도 해서 수분을 도와주는 역할도 해요! 기생파리 알은 숙주가 활동하는 곳 근처나 숙주의 먹이에 몰래 낳아요. 숙주가 먹이를 먹다가 알이 몸속에 들어가기도 하고, 피부를 뚫고 들어가기도 해요. 크기는 집파리 정도지만, 털이 많아서 벌처럼 보이기도 합니다.

포식기생 동물은 사람에게 오히려 도움이 되는 경우가 많아요. 농사를 짓는 사람들은 이들을 익충이라고 부르며 해충을 없애는 데 활용해요. 이걸 생물학적 방제라고 불러요. 맵시벌은 나비, 나방 애벌레에 기생해요. 나비와 나방의 애벌레는 보통 농작물의 잎을 갉아 먹는 대표적인 해충인데, 맵시벌이 애벌레 속에 알을 낳으면 해충 수가 줄어들게 돼요. 농약 없이도 해충을 줄일 수 있어서 아주 유용하죠!

결국 포식기생은 단순히 숙주를 희생시키는 잔혹한 행위가 아니라, 특정 생물 종이 지나치게 늘어나는 것을 막아 생태계의 평화를 유지하는 정교한 조절 장치입니다. 자연이 설계한 이 기발하고도 치열한 생존 전략은 인간에게 해충을 막아주는 지혜를 주기도 하고, 때로는 매력적인 이야기의 소재가 되어 우리의 상상력을 자극하기도 합니다. 겉으로는 무시무시해 보이지만, 이 또한 지구라는 거대한 생태계를 지탱하는 아주 특별하고 중요한 퍼즐 조각입니다.

곤충의 한살이
알에서 성체까지, 변화의 여정을 따라서

대부분의 동물은 정자와 난자가 만나 생긴 아주 작은 수정란에서 시작돼요. 수정란은 세포 분열을 거치며 조직과 기관을 만들고 하나의 생명체로 자라나죠. 이렇게 태어나 성장하고 번식한 뒤 죽기까지의 전 과정을 한살이, 또는 생활사라고 불러요.

동물은 태어나는 방식에 따라 태생과 난생으로 나뉘어요. 태생은 엄마 뱃속에서 자라 태어나는 방식으로, 사람이나 개, 고양이 같은 포유류가 태생을 해요. 반면 난생은 알에서 태어나는 방식으로, 대부분의 곤충이 이에 해당해요. 곤충의 암컷은 짝짓기로 받은 정자를 몸속에 저장했다가 난자와 만나 알을 만들고, 새끼가 자라기 좋은 장소를 골라 알을 낳아요. 나비나 나방은 식물 잎에 알을 낳아 애벌레가 바로 먹이를 먹을 수 있게 하고, 맵시벌 같은 포식기생 곤충은 다른 곤충의 몸속에 알을 낳기도 해요. 곤충은 대개 알을 낳은 뒤 돌보지 않지만, 개미나 벌처럼 사회생활을 하는 곤충은 일개미가 여왕의 알과 애벌레를 돌봐요. 조금 특이하게 알 대신 새끼를 바로 낳는 곤충도 있어요. 식물즙을 빨아 먹고사는 진딧물은 환경에 따라 번식 방법을 바꿔요. 춥거나 먹이가 부족할 땐 알을 낳아 겨울을 나고, 따뜻하고 먹이가 풍부할 때는 짝짓기 없이 새끼를 낳아 빠르게 개체 수를 늘려요. 이는 몸속에서 알이 미리 자라 새끼가 되어 태어나는 형태예요.

알에서 깨어난 곤충은 자라면서 모습을 바꿔요. 성장 과정에 따라 불완전 변태와 완전 변태로 나뉘어요. 잠자리나 메뚜기, 바퀴벌레처럼 어릴 때와 성체 모습이 비슷한 경우를 불완전 변태라고 하고, 이때의 어린 개체를 약충이라 불러요. 날개는 없지만 여러 번 탈피하며 자라 마지막에 날개가 달린 성충이 돼요. 나비나 파리처럼 유충 – 번데기 – 성체 단계를 거치는 경우는 완전 변태예요. 유충은 먹이를 먹으며 자라다가 번데기가 돼요. 그 안에서 몸이 크게 바뀌어 성체가 됩니다. 나비 유충은 몸이 부드러워서 포식자에게 쉽게 당할 수 있어요. 그래서 독특한 색, 맛, 모양으로 자신을 보호하거나 숨어 지내기도 합니다. 누에나방은 실크로 만든 고치 속에서 번데기가 되죠. 다 자란 곤충은 껍질을 찢고 나오며 성체가 되고 짝을 찾아 번식하며 곤충의 새로운 한살이가 다시 시작됩니다.

곤충의 비행
공기역학의 비밀이 숨어 있는 날갯짓의 첨단 공학

파리는 그 작은 몸으로 얼마나 빠르게 날갯짓을 할까요? 파리는 초당 약 200번, 모기는 무려 600번 넘게 날갯짓을 해요. 느릿느릿 날아다니는 것처럼 보이는 나비도 사실은 공기 흐름을 정교하게 조절해 몸을 뜨게 하는 양력을 만들어내고 있답니다.

곤충의 비행은 보기보다 훨씬 복잡합니다. 과학자들이 연구해보니, 곤충의 날갯짓에는 물리학의 공기역학과 생물학의 원리가 함께 작용하고 있었어요. 대부분의 곤충은 네 장의 날개를 가지고 있어요. 날개는 얇은 막처럼 보이지만 안쪽에는 시맥이라는 단단한 선이 퍼진 구조로 되어 있어 쉽게 찢어지지 않아요. 또 날개는 위아래로만 움직이지 않고, 회전하고 비틀어지는 3차원 운동을 해요. 덕분에 곤충은 공중에 정지하거나 방향을 급하게 바꿀 수 있습니다.

곤충의 비행 방식은 크게 두 가지예요. 직접 비행은 날개에 붙은 근육이 날개를 직접 움직이는 방식으로, 잠자리가 대표적이

에요. 앞날개와 뒷날개를 따로 움직일 수 있어 조종은 자유롭지만, 근육이 빠르게 움직이지 못해 날갯짓 속도는 빠르지 않아요. 간접 비행은 몸통 안 근육이 몸 전체를 움직이게 해서 날개를 간접적으로 움직이는 방식이에요. 파리, 벌, 모기 등이 여기에 속해요. 이 곤충들은 비동기성 근육이라는 특별한 근육을 사용해, 신경 신호 한 번으로도 근육이 여러 번 수축해 초당 수백 번의 날갯짓이 가능해요.

비행기는 날개를 이용해 공기를 아래로 누르며 양력을 만들어요. 곤충은 이와 달리 날개를 비틀며 소용돌이를 만들어 위쪽 압력을 낮추고 아래쪽 압력을 높여 몸을 띄워요. 이 과정에서 날개가 뒤로 젖혀지면서 나아가는 힘도 생기죠. 헬리콥터나 드론보다도 더 정교한 방식으로 공기를 조종합니다. 파리나 모기처럼 날개가 두 개인 곤충은 평균곤이라는 기관으로 균형을 잡아요. 평균곤은 원래 있던 뒷날개가 변한 기관으로, 진동하며 몸의 회전과 기울기를 감지해 곤충이 빠르게 자세를 바로잡도록 도와줘요. 잠자리는 앞뒤 날개를 따로 움직여 정지비행이나 후진이 가능하고 파리는 좁은 공간에서 순식간에 방향을 바꾸며 날아다닐 수 있습니다.

결국 곤충에게 비행은 단순한 이동 수단을 넘어, 먹이 탐색과 종족 번식을 가능케 한 생존의 핵심 전략입니다. 헬리콥터보다 자유롭고 드론보다 정교한 곤충의 날갯짓 속에는 수억 년이라는 긴 시간 동안 자연이 빚어낸 경이로운 진화의 기술이 압축되어 있습니다. 오늘날 이런 비행 원리를 이용해 초소형 드론과 로봇을 만드는 연구도 이루어지고 있어요. 우리가 무심코 지나치는 작은 날벌레 한 마리가 사실은 인류가 꿈꾸는 미래형 로봇 공학의 가장 완벽한 스승이자, 지구상에서 가장 뛰어난 비행사인 셈입니다.

025

익충과 해충
인간의 이익과 손해로 나뉘는
꿀벌과 모기의 경계!

아이스크림을 먹다 벌이 날아들어 '얼음'이 된 적 있나요? 불빛에 몰려드는 나방을 보고 깜짝 놀란 경험도 있을 거예요. 사람들은 곤충을 보면 무섭거나 불쾌하게 느끼지만 인간과 자연에 도움을 주는 익충이 해충보다 훨씬 많아요.

익충과 해충은 어떻게 다를까요? 익충은 사람에게 도움이 되거나 생태계 균형을 유지하는 데 중요한 역할을 해요. 꿀벌, 무당벌레, 잠자리, 기생벌, 풍뎅이가 대표적이에요. 꿀벌은 꽃가루를 옮기는 수분을 통해 사과나 딸기, 오이 같은 농작물이 열매를 맺도록 도와줘요. 전 세계 농작물의 75%가 꿀벌 덕분에 열매를 맺어서 꿀벌이 사라지면 우리가 먹는 음식도 바뀔 수 있기 때문에 꿀벌을 보호하려는 노력이 세계적으로 계속되고 있어요. 무당벌레는 진딧물을, 잠자리는 모기와 파리를 잡아먹어 해충의 수를 줄여줍니다. 이들 덕분에 농약 사용을 줄일 수 있어 친환경 농업에도 도움이 되지요. 익충은 직접적인 도움을 주기도 하고, 자연

속에서 간접적으로 영향을 미치기도 합니다. 반면 해충은 사람의 건강이나 농작물, 생활환경에 피해를 줍니다. 모기는 말라리아, 뎅기열, 일본뇌염 같은 각종 전염병을 옮기고, 바퀴벌레는 병균을 퍼뜨려 위생 문제를 일으킬 수 있어요. 농업에서는 벼멸구나 나방류가 작물을 갉아먹어 농작물이 제대로 자라지 못해 수확량을 줄이기도 하지요. 이때 농약을 쓰면 사람 건강과 환경에 해로울 수 있습니다. 게다가 어떤 해충은 농약에도 잘 죽지 않아서 관리하기에 어려워요.

곤충을 무조건 익충이나 해충으로 나눌 수는 없어요. 같은 곤충도 상황에 따라 익충이 될 수도, 해충이 될 수도 있습니다. 꿀벌도 집 근처에 벌집을 지으면 위험할 수 있고, 진딧물을 잡아먹는 무당벌레 역시 외래종일 경우 생태계를 해칠 수 있어요. 곤충이 어떤 환경에서 어떤 역할을 하는지가 중요합니다. 익충을 보호하고 해충을 자연스럽게 줄이려면 곤충이 어디에 살고 무엇을 먹고 어떻게 살아가는지 알아야 해요. 곤충은 자연을 지탱하는 소중한 구성원이에요. 무조건 싫어하고 무서워하기보다는 그 곤충이 어떤 일을 하고 있는지 알아보려는 자세를 갖추면 좋겠습니다. 작은 곤충을 어떻게 바라보느냐는 우리가 자연을 얼마나 이해하고 존중하는지를 보여주는 기준이 될 수 있답니다.

#교과 #생물의_구성과_다양성 #동물과_에너지 #소화와_순환 #생식과_유전 #외래종

026

갑각류
딱딱한 갑옷을 입은
생태계의 핵심 구성원

수산시장에서 물고기 사이를 헤엄치는 새우나 집게를 치켜든 게, 단단한 껍질을 가진 바닷가재를 본 적 있지요? 이들은 우리가 즐겨 먹는 해산물이면서 동시에 아주 특별한 몸 구조와 생활 방식을 지닌 생물이에요. 이런 동물들을 갑각류라고 부르며, 외골격이라 불리는 딱딱한 껍질과 여러 쌍의 다리를 가지고 있어요. 갑각은 갑옷처럼 몸을 보호해주며, 갑각류는 바다뿐 아니라 민물이나 땅 위에서도 살아가고, 우리의 식탁과도 깊이 연결돼 있답니다.

갑각류는 곤충이나 거미 같은 다른 절지동물과 뚜렷한 차이가 있어요. 가장 큰 특징은 더듬이의 수예요. 갑각류는 보통 두 쌍, 총 네 개의 더듬이를 가지지만 곤충과 다지류는 한 쌍만 있고, 거미는 아예 더듬이가 없어요. 또 대다수 갑각류의 몸은 머리와 가슴이 붙은 머리가슴과 배로 나뉩니다. 머리가슴은 단단한 껍질로 덮여 있고 눈과 입, 집게다리 등이 모여 있어요. 대부분 아가미로 호흡하는 점도 다른 절지동물과 구별되는 특징이지요. 반면, 곤충은 기관, 거미는 책허파라는 특이한 호흡기관을 이용합니다.

현재 알려진 갑각류는 약 7만 종 이상으로, 게·새우·가재 같은 십각류를 비롯해 쥐며느리와 갯강구 같은 등각류, 바다에서 아주 작은 동물플랑크톤으로 떠다니는 요각류, 옆새우라고 불리는 단각류 등 다양한 부류가 있어요. 바다와 강은 물론 습지와 육지까지 널리 퍼져 살고 있답니다.

갑각류는 오래전부터 중요한 식재료였어요. 흰다리새우는 전 세계에서 가장 많이 양식되든 새우예요. 꽃게는 우리나라 사람들이 정말 좋아하고, 바닷가재 역시 각국에서 사랑받는 고급 수산자원입니다. 남극에 사는 아주 작은 갑각류인 크릴은 건강기능식품의 원료로 활용돼요.

뿐만 아니라 의학과 환경 분야에서 주목받고 있어요. 새우와 게 껍질에서 얻는 키틴과 키토산은 상처 치료용 소재나 항균 제품, 봉합 실로 쓰이고 당뇨병 환자의 상처 치료에 도움이 되는 연구도 활발히 진행 중입니다. 최근 키토산을 이용해 자연에서 썩는 친환경 플라스틱을 만드는 실험도 이뤄지고 있대요! 물벼룩은 환경오염 정도를 알아볼 때 쓰이고 바닷가재의 신경 구조는 연구에 용이해서, 뇌신경과 관련한 실험에서 유용하게 쓰여요.

갑각류는 다양한 모습과 생활 방식으로 지구 곳곳에서 살아가며 인간의 식생활과 건강, 과학 발전에도 큰 도움을 줍니다. 딱

딱한 껍질 속에 숨겨진 이들의 놀라운 생명력과 무궁무진한 쓰임
새를 떠올려본다면, 식탁 위에서 마주하던 새우와 게가 이전과는
조금 다른 특별한 존재로 다가올 거예요.

거미류
거미줄에 첨단 과학이 숨어 있다고요?

'어린 시절' 하면 어떤 장면이 떠오르나요? 시골에서 자란 저는 비 오는 날 처마에서 떨어지던 물방울 소리와 마당을 오가던 개미, 저녁 하늘을 가득 메우며 날던 박쥐 떼가 떠오릅니다. 어느 날에는 집 천장에 거미가 수백 마리나 모여 있는 모습을 보기도 했지요. 아버지께서 주기적으로 거미줄을 쓸어내실 때마다 마루로 떨어지던 거미들을 보며 저는 '왜 이렇게 거미가 많을까?' '거미는 어떤 생물일까?'라는 궁금증을 품게 되었습니다.

우리는 흔히 거미를 무섭거나 징그럽게 느끼지만, 사실 거미는 매우 놀라운 생물입니다. 거미 한 마리가 하룻밤 사이에 만드는 거미줄은 섬세하면서도 튼튼해 과학자들조차 감탄할 정도예요. 실제로 거미줄 구조를 바탕으로 방탄 소재나 가볍고 강한 신소재를 개발하려는 연구가 이어지고 있고, 우주 공간에서 거미줄 짜는 과정을 실험한 적도 있을 만큼 과학적 관심도 큽니다.

거미는 절지동물에 속하며, 그중에서도 협각류라는 무리에 포함됩니다. 협각류에는 거미뿐 아니라 전갈, 진드기, 응애도 들어가요. 협각류는 전 세계에 10만 종 이상 알려져 있고, 몸은 머리와 가슴이 합쳐진 부분과 배, 두 부분으로 나뉘거나 일부 무리는 머리, 가슴, 배가 합해지기도 했어요.

가장 쉽게 구분되는 특징은 다리 수로, 곤충이 여섯 개인 데 비해 거미류는 여덟 개의 다리를 가집니다. 더듬이는 없고 입 주변에 먹이를 잡는 데 쓰이는 특수한 구조인 협각이 있어요. 거미류는 적응력이 뛰어나 거의 모든 육지 환경에서 살아갑니다. 사막, 숲, 풀밭은 물론 집 주변에서도 쉽게 볼 수 있어요. 물속에서 공기 방울을 만들어 생활하는 물거미처럼 독특한 경우도 있습니다. 크기 역시 매우 다양해 눈에 잘 보이지 않을 만큼 작은 사모아이끼거미부터 손바닥만 한 타란툴라까지 존재합니다.

거미류는 생태계에서 중요한 포식자입니다. 파리나 모기, 나방 같은 곤충을 잡아먹어 수를 조절해 생태계 균형을 유지하지요. 거미류는 농부들에게도 든든한 조력자인 셈이에요.

거미줄과 거미류의 독은 과학과 산업, 의학 분야에서도 주목받고 있습니다. 거미줄은 같은 굵기의 강철보다 더 튼튼하면서도 가볍고 잘 늘어나요. 그래서 거미줄을 본뜬 소재로 방탄조끼나 의료용 실, 인공 인대를 만들기 위해 연구 중입니다. 실제로 한 회사에서는 거미줄 단백질을 만드는 기술을 개발해 새로운 섬유를 생산했어요. 일부 거미의 독 성분은 특정 신경에만 선택적으로 작용해요. 과학자들은 이를 이용해 통증을 줄이거나 질병 치료제를 만들기 위한 연구를 진행하고 있습니다.

거미류는 두렵기만 한 대상이 아니에요. 대부분의 거미는 사람에게 해를 주지 않고 조용히 자연의 균형을 지키며 인간에게 새로운 가능성을 열어줍니다. 다음에 거미를 마주친다면, 조금은 다른 시선으로 바라볼 수 있지 않을까요?

진드기류
작지만 치명적인 생존자, 진드기의 두 얼굴

여름에 풀숲이나 캠핑장을 다녀온 뒤 열이 나고 두통이 생겼다면 진드기를 의심할 필요가 있어요. 우리나라에서는 작은소참진드기에 물려 발생하는 중증열성혈소판감소증후군(SFTS)이 매년 보고되고 있어요. 진드기는 건강에 영향을 주고 알레르기나 농작물 피해를 일으킵니다. 하지만 단순히 해롭기만 한 존재는 아닙니다. 거미와 가까운 친척인 진드기는 아주 작지만 복잡한 몸 구조를 지닌 흥미로운 절지동물이에요. 진드기는 곤충과는 달리 거미처럼 여덟 개의 다리가 있어요. 몸은 머리·가슴·배로 나뉘지 않고 하나로 이어진 타원형이며 크기는 보통 0.2~2밀리미터 정도로 매우 작습니다. 피를 빨면 몸이 불룩하게 부풀기도 하지요. 입 근처 두상돌기라는 구조에 있는 날카로운 침으로 피부를 뚫고 피를 빨 수 있습니다.

진드기는 참진드기와 응애로 나뉘어요. 참진드기는 사람이나 동물의 피를 빨며, 비교적 크고 단단한 등판을 가졌어요. 작은 소참진드기가 여기에 속해요. 응애는 훨씬 작고 빠르며 식물 즙을 빨거나 먼지 속에 사는 등 생활 방식이 다양합니다. 참진드기는 모기 다음으로 많은 질병을 옮기며, 라임병·큐열·바베시아증처럼 사람과 동물 모두에게 전염될 수 있는 인수공통전염병을 퍼뜨려요. 특히 라임병 초기에는 감기 증상처럼 열과 발진으로 시작해 치료가 늦으면 관절이나 신경계에 심각한 후유증을 남길 수 있습니다. 게다가 진드기에 물려도 통증이 거의 없어 모르는 사이 며칠씩 피부에 붙어 있기도 해서 주의해야 해요. 응애는 주로 농작물과 실내 환경에 피해를 줍니다. 점박이응애는 식물 잎 뒷면에 숨어 있다가 즙을 빨아 먹어 작물을 말라 죽게 해요. 아주 작아서 눈에 잘 안 보이고 번식도 빨라서 없애기가 어렵습니다. 집먼지진드기는 이불이나 카펫, 옷 속에서 사람의 피부 각질을 먹고 살아요. 이들의 배설물과 사체는 알레르기를 유발합니다. 천식, 비염, 아토피 같은 질환이 생길 수 있어요.

모든 진드기가 해로운 것은 아닙니다. 일부 포식성 응애는 해충을 잡아먹어 친환경 농업에 중요한 역할을 해요. 진드기는 눈에 띄지 않을 만큼 작지만 건강과 농업, 환경에 큰 영향을 미칩니다. 막연히 두려워하기보다 특성과 생태를 이해하고 적절히 관리한다면 건강을 지키고 자연과도 더 조화롭게 살 수 있을 거예요.

029

극피동물
물의 힘으로 움직이는
바다의 청소부가 있다?

해변을 걷다 별 모양의 불가사리를 본 적이 있을 거예요. 파란색 바탕에 붉은 무늬가 있다면 별불가사리일 수 있고, 보라색에 흰 무늬가 있다면 아무르불가사리일지도 모릅니다. 저는 횟집에서 나오는 해삼을 좋아하는데, 독특한 향과 쫄깃한 식감이 참 매력적이에요. 불가사리와 해삼은 다리로 걷거나 머리를 움직이는 대신 자신만의 방식으로 느끼고 움직이며 살아가는 아주 특별한 바다 생물이에요. 이들을 극피동물이라고 불러요. 이름의 뜻을 풀어 쓰면, 가시가 돋친 피부를 가진 동물이란 뜻입니다.

전 세계에는 약 7,000종이 넘는 극피동물이 있고 모두 바다에서만 살아요. 어린 시절에는 몸의 좌우가 대칭이지만 자라면서 다섯 방향으로 펼쳐지는 오방사대칭 구조를 갖게 돼요. 덕분에 어느 방향에서 자극이 와도 반응할 수 있고 먹이를 찾거나 위험을 피하는 데 유리해요.

극피동물의 몸 구조는 더욱 독특해요. 피부 아래에는 석회질로 된 내골격이 있고, 표면에는 관족이라 불리는 작은 튜브 같은 다리가 나 있어요. 관족은 이동뿐 아니라 먹이를 잡고 숨 쉬는 데도 쓰여요. 이 다리는 수관계라는 물이 흐르는 관을 통해 움직이는데, 마치 물의 힘으로 작동하는 로봇 팔 같아요. 다른 동물이 근육으로 움직인다면 극피동물은 물의 힘을 이용하는 셈이죠.

또 극피동물은 놀라운 재생 능력을 지녔어요. 불가사리는 팔이 잘려도 다시 자라고 일부만 남아도 새로운 개체로 자랄 수 있어요. 해삼은 스트레스를 받으면 내장을 밖으로 내보냈다가 시간이 지나면 그 장기를 다시 만들기도 해요. 그래서 횟집에서 보는 해삼은 속이 비어 있는 경우가 많아요. 이런 재생력은 조직 재생이나 상처 회복 연구에도 중요한 단서를 제공해요.

극피동물은 크게 다섯 무리로 나뉘어요. 불가사리류는 다섯 개의 팔로 천천히 움직이며 조개나 작은 동물을 먹고, 성게류는 단단한 껍질과 가시를 지닌 채 바다 밑을 기어다니며 조류나 유기물을 먹습니다. 해삼류는 길고 뼈가 없는 부드러운 몸으로 바다 밑에서 흙을 걸러 먹는 생물이에요. 바다나리류는 깃털 같은 팔로 해저에서 플랑크톤을 걸러 먹죠. 거미불가사리류는 가늘고 긴 팔로 빠르게 움직여요.

이들은 사람에게도 유용해요. 해삼과 성게는 한국, 일본, 중국처럼 동아시아에서 인기 있는 고급 해산물이에요. 성게알은 우니라는 이름으로 잘 알려져 있어 초밥 재료로 쓰입니다. 해삼은 말리거나 젤리처럼 가공해서 건강식품이나 약으로도 쓰이며, 면역력과 피부 건강에 도움이 되는 성분 덕분에 화장품에도 활용돼요. 과학자들에게도 극피동물은 흥미로운 연구 대상이에요. 수관계를 이용한 관족의 움직임은 로봇이나 의료 기구 설계에 영감을 주어 로봇 팔 설계에 활용될 수 있어요. 성게 껍질 구조는 뼈나 치아 보철 재료 연구에 응용되고 있어요.

해양 생태계에서도 이들은 중요한 역할을 해요. 해삼은 바닷속 쓰레기 같은 유기물을 정리하는 청소부 역할을 하고 성게는 해조류가 지나치게 늘지 않도록 조절해줘요. 덕분에 바다는 생태계 균형을 유지할 수 있죠.

처음엔 낯설고 이상하게 보일 수 있지만 극피동물은 정말 놀라운 능력을 지닌 바다의 이웃이에요. 다음에 해변에서 불가사리나 성게를 만난다면 그 특별한 이야기를 한번 떠올려보세요. 바닷속 생명들이 조금 더 가깝게 느껴질지도 몰라요.

030

미삭동물
척추동물의 기원을 품은
바다의 숨은 조력자

해변의 바위 틈, 조개껍데기나 해조류 사이 작은 구멍에서 물이 '퐁!' 하고 나오는 모습을 본 적 있나요? 아니면 바닷속 영상에서 투명한 젤리 같은 생물들이 무리를 지어 떠다니는 장면은요? 이렇게 눈에 잘 띄지 않지만 바닷속에서 조용히 살아가는 생물 가운데에는 놀랍게도 우리 인간과 가까운 친척이 있습니다. 바로 미삭동물이에요.

미삭이라는 말은 꼬리 미尾와 동아줄 삭索에서 온 말입니다. 즉 꼬리 쪽에 척삭이라는 동아줄 같은 긴 구조를 가진다는 뜻을 품고 있어요. 겉모습은 아주 단순하고 원시적으로 보이지만 유전적 특징과 발생 과정, 몸 구조 면에서 인간을 포함한 척추동물과 가까운 친척입니다. 그래서 생물학자들은 이 친구들을 연구해서 인간이 어디에서 진화했는지 그 기원을 알아보는 데 중요한 실마리를 얻고 있어요.

미삭동물은 척삭동물이라는 큰 분류에 속하며, 이 그룹에는 척추동물, 두삭동물, 그리고 미삭동물이 포함됩니다. 이 중 미삭동물은 가장 단순한 형태를 지니고 있지요. 흥미롭게도 미삭동물은 유생 시기인 어릴 때는 척삭, 신경, 근육까지 갖춘 올챙이 같은 형태로 자유롭게 헤엄칩니다. 성체가 되면 척삭을 잃고 바위나 해조류, 바닥에 붙어 살거나 바다를 떠다니며 살아요. 미삭동물의 몸은 투명하거나 불투명한 껍질로 덮여 있어요. 이를 피낭이라고 부르는데, 셀룰로스라는 성분으로 이루어져 질긴 느낌을 줍니다. 미더덕을 씹을 때 '펑' 하고 터지는 식감도 바로 이 구조 때문이에요. 그래서 미더덕과 멍게 등을 피낭동물이라고도 부릅니다.

미삭동물은 바닷물 속 작은 먹이를 걸러 먹는 여과섭식 동물이에요. 물이 몸 안으로 들어오면 마치 촘촘한 그물처럼 생긴 인두라는 기관에서 작은 먹이만 골라내고 나머지 물은 다시 밖으로 내보내요. 덕분에 바다를 자연스럽게 정화하는 역할도 합니다.

현재까지 약 3,000종 이상의 미삭동물이 알려져 있으며 크게 세 그룹으로 나뉘어요. 바위나 해조류에 붙어 사는 피낭류에는 미더덕과 멍게가 속합니다. 바다를 떠다니며 사는 부유성 미삭동물은 탈리아류예요. 생소한 이름이지만, 살파라는 동물이 대표적이에요. 살파는 몸이 반투명하고 근육 고리를 이용해서 물을 뿜어내며 앞으로 나아가요. 남극 바다에 아주 많이 살고 있답니다. 유생 때 모습으로 평생 사는 유형류도 있어요. 유형류는 작은 몸과 꼬리로 헤엄치며 점액으로 만든 집 안에서 물속 먹이를 걸러 먹습니다.

이들은 생태계뿐 아니라 과학과 의학, 생물공학 연구에서도 중요한 존재예요. 유령멍게는 생명과학자들이 척추동물의 발생 과정을 연구할 때 많이 쓰는 모델 생물입니다. 몸이 작고 구조는 단순하지만 사람처럼 척삭과 신경관, 근육 같은 기본 구조를 가졌거든요. 유전 정보를 담은 유전체 해독도 이미 끝나서 다양한 연구에 활용되고 있어요. 살파와 유형류는 바다에서 대량으로 번식하면서 플랑크톤을 많이 먹고 빠르게 배설해서 해저로 보내요. 그 덕분에 탄소가 바다 밑으로 이동해서 지구온난화를 늦춥니다. 기후변화 연구에서도 이들의 역할은 아주 중요해요.

미삭동물은 작고 단순해 보이지만, 척추동물의 기원과 지구 환경을 이해하는 데 꼭 필요한 생물입니다. 낯선 동물이겠지만 사실은 우리 존재의 시작과 연결된 중요한 생물이에요.

031

척추동물

등뼈와 두개골로
지구의 모든 환경을 정복하다!

사람, 고양이, 물고기, 새, 뱀은 모습도 다르고 사는 환경도 제각 각이에요. 하지만 이 동물들에는 중요한 공통점이 하나 있어요. 바로 등뼈, 즉 척추를 가지고 있다는 점이에요. 이렇게 척추를 지 닌 동물들을 척추동물이라고 부르며 우리 인간도 여기에 포함됩 니다.

척추동물은 아주 오래전, 몸의 중심을 지탱하는 척삭이라는 부드러운 막대 모양의 골격을 가진 조상에서 진화했어요. 시간이 흐르면서 이 척삭은 마디가 있는 단단한 등뼈인 척추로 대체되었 어요. 척추는 마디마디로 이루어진 뼈와 연골로 되어 있어서 유 연하게 몸을 지지하는 동시에, 척수라는 중요한 신경 줄기를 안 전하게 보호하는 통로 역할도 합니다. 이런 구조 덕분에 척추동 물은 튼튼한 몸을 갖게 되었고, 바다와 강, 땅과 하늘까지 지구 거 의 모든 환경으로 삶의 터전을 넓힐 수 있었어요.

척추동물이 무척추동물과 구별되는 특징도 분명합니다. 먼저 머리뼈인 두개골이 있어 뇌를 보호하고, 눈·귀·코 같은 감각기관이 잘 작동하게 돕습니다. 그 덕분에 주변 변화를 빠르게 감지하고 복잡한 행동을 할 수 있죠. 또 척추동물은 몸 안에 있는 뼈, 즉 내골격을 지녔어요. 곤충처럼 몸 바깥에 껍데기를 지닌 외골격을 가지고 있어서 탈피를 해야 커지는데 척추동물은 뼈가 몸 안에 있어서 탈피할 필요 없이 자연스럽게 자라요. 이 덕분에 큰 몸집과 복잡한 구조의 몸을 만들 수 있어요.

혈액이 몸속을 도는 순환계도 눈여겨볼 점이랍니다. 척추동물은 폐쇄순환계를 가지고 있어 피가 혈관 안에서만 흘러요. 그래서 산소와 영양분을 필요한 곳에 빠르게 전달합니다. 특히 심장 구조가 발달하면서 활발하게 움직일 수 있지요. 여기에 근육과 신경이 마디마다 배열되어 있고 잘 조직되어 있어서 걷고, 달리고, 헤엄치고, 날아오르는 등 다양한 방식의 정교한 움직임이 가능합니다. 무척추동물은 보통 몸을 구불거리거나 물결치듯 움직이는 경우가 많지만 척추동물은 다리로 땅을 딛거나 날개로 날고, 지느러미를 이용해 헤엄치는 등 다양한 방식으로 움직일 수 있지요.

지구에는 수많은 척추동물이 있는데, 크게 다섯 무리로 나뉘어요. 먼저 어류는 물고기죠. 어류는 상어와 가오리 같은 연골어류와 송사리, 잉어, 연어처럼 뼈가 단단한 경골어류가 있어요. 이들은 물속에서 아가미로 숨 쉬고 지느러미로 수영해요. 물과 육지를 오가며 사는 양서류에는 개구리와 도롱뇽이 속합니다. 파충류는 뱀, 도마뱀, 거북, 악어 등을 포함하며, 딱딱한 비늘로 몸이 덮여 있고 알도 단단한 껍질로 싸여 있어서 물 없이도 생존이 가능해요. 깃털과 날개를 지닌 조류는 대부분 날 수 있어요. 또 스스로 체온을 조절해서 따뜻하게 유지할 수 있어요. 마지막으로 우리 인간이 속한 표유류는 몸에 털이 있고 새끼를 낳아 젖을 먹여 키웁니다. 고양이, 돌고래, 사자, 코끼리도 포유류랍니다. 이들은 각기 다른 환경에 적응하며 살아가고 있어요.

척추동물은 생태계에서 중요한 위치를 차지하고, 인간의 삶과도 깊이 연결돼 있습니다. 먹이사슬의 꼭대기에 있는 포식자가 되기도 하고, 씨앗을 퍼뜨리거나 환경을 유지하는 데 도움을 주기도 합니다. 직접적으로 사람과 관계되어 가축이나 반려동물로 살아가기도 하고, 문화와 경제에도 영향을 미칩니다. 무엇보다도 이들의 몸과 기능은 생명이 어떻게 진화하고 복잡해졌는지를 보여주는 살아 있는 증거예요. 척추동물은 자연이 만들어낸 정말 멋지고 정교한 설계라 할 수 있어요.

032

어류
물속 생물이 육상 동물의 조상이라고요?

물속에는 전기를 만들어내는 전기뱀장어처럼 특별한 능력을 지닌 생물도 있고, 빛이 거의 닿지 않는 깊은 바다에서 스스로 빛을 내어 먹이를 유인하는 아귀 같은 물고기도 있어요. 이렇게 놀라운 생존 전략을 지닌 어류는 지구 생물 가운데 가장 역사가 오래된 무리이자, 지금도 가장 다양한 종을 가진 무리 중 하나입니다.

어류는 물속 생활에 꼭 맞게 진화한 동물이에요. 아가미로 물속에서 산소를 들이마시고, 매끄러운 비늘은 물의 저항을 줄여 헤엄치기 쉽게 도와주지요. 몸 옆에 있는 옆줄이라는 감각기관은 물의 흐름이나 작은 진동을 느껴 주변 상황을 파악하게 해줍니다. 또한 부레라는 공기주머니를 이용해 물속에서 뜨거나 가라앉는 것을 조절할 수 있어요. 헤엄칠 때는 여러 형태의 지느러미를 사용하며 지느러미 구조에 따라 헤엄치는 방식도 달라집니다.

물고기는 크게 세 가지 무리로 나눌 수 있어요. 첫째는 무악어류로, 턱이 없는 물고기들입니다. 먹장어와 칠성장어가 대표적입니다. 이들은 입이 동그란 모양이고 뼈 대신 연골로 이루어져 몸이 유연합니다. 칠성장어는 다른 물고기에 붙어 체액을 빨아먹는 기생 생활을 하기도 하지요.

둘째는 연골어류로, 상어와 가오리가 여기에 속해요. 연골어류는 턱을 가지고 있으며 몸속 골격이 딱딱한 뼈가 아닌 말랑한 연골로 되어 있습니다. 상어는 후각이 아주 예민해서 먼 거리의 먹잇감도 잘 찾아내고, 다른 생물의 미세한 전기 신호를 감지하는 능력도 지니고 있어요. 일부 종은 알을 낳지 않고 포유류처럼 새끼를 직접 낳기도 합니다.

셋째는 가장 많은 종을 포함하는 경골어류예요. 송사리, 잉어, 참치, 연어처럼 우리에게 익숙한 물고기들이 여기에 속합니다. 경골어류는 단단한 뼈 덕분에 크기와 형태가 매우 다양하게 진화했지요. 경골어류는 다시 조기류와 육기류로 나뉘는데, 육기류는 지느러미 안에 팔다리와 비슷한 뼈 구조와 근육을 지니고 있어 훗날 육지로 올라간 사지동물의 조상이 되었습니다. 실러캔스와 폐어라는 물고기가 그 예이며, 특히 폐어는 물이 마르면 진흙 속에 들어가 수분을 유지하며 살아남습니다.

물고기는 인간에게도 매우 중요한 존재입니다. 예로부터 사람들은 강과 바다, 호수에서 물고기를 잡아 식량으로 삼았죠. 오늘날에도 연어, 고등어, 참치, 대구 등은 전 세계에서 사랑받는 주요 식재료이자 건강한 단백질 공급원이에요.

과학 연구에서도 물고기는 중요한 역할을 합니다. 제브라피시라는 작은 물고기는 성장 속도가 빠르고 알이 투명해 유전 연구에 쓰이고, 복어의 독은 의약 연구에 활용돼요. 심해어를 연구하면 극한 환경에서도 생명이 어떻게 살아가는지에 대한 실마리도 얻을 수 있습니다.

이처럼 물고기는 단순히 물에 사는 동물이 아니라 약 5억 년에 걸친 진화의 역사를 지닌 지구에서 가장 오래된 척추동물입니다. 오늘날 인간을 포함한 수많은 척추동물의 뿌리가 되는 존재로서 물고기는 생명 진화의 출발점이자 매우 중요한 생물이에요.

033

상어와 가오리
부드럽고 가벼운 연골로
바다를 지배한 어류

상어가 바다거북의 단단한 등껍질을 단번에 깨무는 장면, 가오리가 날개처럼 넓은 지느러미를 흔들며 바다를 나는 듯 헤엄치는 모습을 다큐멘터리에서 본 적 있나요? 상어와 가오리는 정말 신기하고 매력적인 바닷속 생물이에요. 상어는 날카로운 이빨을 가진 무서운 포식자로 보이고 가오리는 우아하게 바다를 떠다니는 느낌을 주죠. 이 멋진 생물들은 모두 '연골어류'라는 특별한 물고기 무리에 속해요. 연골어류란 말 그대로 뼈 대신 연골로 이루어진 물고기를 뜻해요. 우리가 흔히 보는 물고기는 딱딱한 뼈를 가지고 있지만 연골어류는 부드럽고 유연한 연골로 몸을 지탱해 가볍고 잘 휘어져 빠르게 헤엄치기 좋아요. 피부에는 단단하고 거친 비늘이 촘촘히 나 있어 만지면 사포처럼 까슬까슬한데, 이 구조가 물의 저항을 줄여 속도를 높여줍니다. 실제로 이 구조를 본뜬 수영복도 개발됐답니다!

상어와 가오리는 겉모습은 달라도 몸속 구조와 감각기관은 꽤 비슷해요. 상어는 날렵한 몸으로 앞으로 빠르게 움직이는 데 유리하고, 가오리는 납작한 몸으로 바다 바닥을 누비거나 날듯이 헤엄쳐요. 이들은 주로 배 쪽에 입과 아가미가 있고, 등 쪽에는 옆줄과 로렌치니 기관이라는 감각기관이 있어 물의 움직임은 물론 다른 생물이 내는 아주 약한 전기 신호까지 감지할 수 있어요. 덕분에 어두운 바다에서도 먹이를 잘 찾아낼 수 있죠.

연골어류의 번식 방식도 독특해요. 대부분의 물고기가 알을 수천 개씩 많이 낳는 것과 달리 연골어류는 암수의 몸이 직접 닿아 수정이 이루어져요. 어떤 종은 알을 낳지만 많은 상어는 알이 몸 안에서 부화한 뒤 새끼를 낳아요. 일부 상어는 사람처럼 태반을 통해 영양을 공급하며 새끼를 키워 낳기도 해요. 이런 방식은 새끼의 생존율을 높이기 위한 진화의 결과예요.

사람들은 오래전부터 상어와 가오리를 다양한 방식으로 이용해 왔어요. 가오리는 회로 먹거나 말려서 반찬으로 먹고, 상어 지느러미는 일부 지역에서 고급 요리 재료로 쓰였어요. 상어 간에서 얻은 기름은 건강보조제나 화장품에 활용되기도 합니다. 이들의 거친 피부와 독특한 이빨 구조는 항균 소재나 새로운 제품 개발 연구에 이용되고 있어요.

이들은 성장 속도가 느리고 새끼 수가 적어요. 어떤 상어는 어른이 되기까지 수십 년이 걸리고 한 번에 새끼를 몇 마리만 낳기도 하죠. 그래서 한 번 개체 수가 줄면 회복하는 데 시간이 많이 걸립니다. 상어 중에는 바다 위로 뛰어오르거나 따뜻한 피를 유지하는 종도 있고, 가오리는 몸을 구부려 먹이를 잡거나 몸 위쪽에 있는 작은 구멍으로 바닷물을 빨아들여 숨을 쉬는 정교한 방식을 사용합니다.

안타깝게도 현재 많은 상어와 가오리는 멸종 위기에 놓여 있어요. 무분별한 포획과 해양 오염 때문에 개체 수가 급감했기 때문이에요. 이들은 바다 생태계에서 먹이사슬의 꼭대기나 중간에서 생태계 균형을 유지하는 중요한 존재입니다. 이들이 사라지면 바다 전체의 건강이 흔들릴 수 있어요.

겉보기엔 무섭게 느껴질 수 있지만, 상어와 가오리는 아주 특별하고 소중한 바다 친구들이에요. 우리가 이들을 제대로 알고 보호하려는 노력이 바다를 지키는 첫걸음이 될 수 있겠죠. 다음에 다큐멘터리에서 상어와 가오리를 보게 된다면 단순한 포식자나 괴물 같은 동물이 아니라 지구 생태계의 중요한 구성원으로 바라볼 수 있기를 바랍니다.

#교과 #생물의_구성과_다양성 #동물과_에너지 #생식과_유전 #수생 #유전과_진화

034

양서류
물과 육지, 두 세계를 잇는 진화의 다리!

물에서 아가미로 숨 쉬며 살다가, 자라면 육지로 올라오는 동물이 있어요. 바로 개구리, 도롱뇽, 맹꽁이 같은 양서류예요. 어떤 양서류는 알을 입속에 품거나 피부에서 새끼를 낳기도 해요. 이렇게 독특한 생활사를 가진 양서류는 물과 육지를 오가며 사는 특징 때문에 '양쪽에서 사는 동물'이라는 뜻의 이름이 붙었어요. 양서류는 물고기와 육상 동물 사이를 잇는 진화의 다리 같은 존재예요. 어린 시절에는 물속에서 아가미로 숨 쉬다가 성장하면서 폐가 발달해 육지 생활도 가능해져요. 개구리는 알에서 부화해 올챙이로 지내다가 다리가 자라고 꼬리가 사라지며 어른이 되죠.

　양서류의 피부는 얇고 촉촉해 폐뿐 아니라 피부로도 숨을 쉽니다. 그리고 피부로 물을 흡수하거나 독을 분비하며 주변 환경을 느끼기도 해요. 어떤 종은 피부색을 바꾸거나 반짝이는 피부로 위장하는 생존 능력도 지녔어요.

　양서류는 생김새에 따라 세 부류로 나뉘어요. 개구리와 두꺼비처럼 꼬리가 없는 종류, 도롱뇽과 영원처럼 꼬리가 있는 종류, 그리고 뱀처럼 생긴 다리 없는 종류가 있어요. 새끼를 낳는 방식도 다양해요. 어떤 개구리는 입속에 새끼를 품고, 어떤 종은 위에서 알을 부화시켜 새끼를 토해내요. 이런 독특한 방식은 생존율을 높이기 위한 전략이에요. 안타깝게도 이런 양서류 중 일부는 이미 야생에서 사라졌어요.

현재 양서류는 지구에서 가장 위태로운 동물로, 종의 절반이 멸종 위기에 놓여 있어요. 일부는 이미 멸종했거나 야생에서 사라졌습니다. 원인은 기후변화, 오염, 서식지 파괴, 외래종 침입 등이며, 특히 양서류 피부를 감염시켜 호흡을 어렵게 하는 항아리곰팡이병이 큰 위협입니다. 세계적으로 많은 개체가 이로 인해 죽고 있어요. 양서류를 지키는 일은 자연을 지키는 일입니다. 물과 숲, 강 같은 양서류의 보금자리를 보호하고 병의 확산을 막기 위해 관리하며, 보전과 연구를 통해 멸종위기종을 자연으로 돌려보내려는 노력이 필요합니다. 양서류는 자연의 건강을 온몸으로 알려주는 중요한 지표이며 이들의 움직임은 소중한 신호입니다. 양서류의 울음소리가 세상에서 영영 사라지는 날이 오지 않도록, 이제는 우리가 그들의 작은 외침에 응답하며 지구의 숨결을 지켜나가야 할 때입니다.

#교과 #생물의_구성과_다양성 #동물과_에너지 #생식과_유전 #순환 #유전과_진화

035

파충류
차가운 몸에 품은
흥미로운 진화의 역사

어두운 해변에서 태어난 바다거북 새끼들이 밤하늘 아래, 바다를 향해 달려갑니다. 이 작은 생명들은 믿기 어려울 정도로 먼 바다로 헤엄쳐 나갔다가 몇 년 뒤 정확히 자신이 태어난 해변으로 되돌아와요. 누가 가르쳐주지 않아도 지구 자기장과 별빛을 이용해 길을 찾죠. 이렇게 놀라운 능력을 지닌 바다거북은 파충류라는 동물 그룹에 속합니다. 파충류라고 하면 뱀이나 도마뱀만 떠올리기 쉽지만 이 무리는 매우 오래된 역사와 다양한 모습을 지닌 생물이에요. 공룡도 파충류였고 오늘날 하늘을 나는 새 역시 파충류에서 진화했습니다. 파충류는 수억 년 전부터 지구에 살아왔고 지금도 사막, 정글, 산, 바다까지 다양한 환경에서 살고 있습니다.

파충류는 다른 척추동물과 구별되는 큰 특징이 있습니다. 바로 양막란이라는 특수한 알을 낳는다는 점이에요. 이 알은 딱딱하거나 가죽 같은 껍질로 싸여 있어 물속이 아니어도 알 안에서 안전하게 자랄 수 있어요. 양서류인 개구리나 도롱뇽은 물가에 알을 낳아야 하는데 이와는 달리 파충류는 물 환경에 의존하지 않아도 되어서 육지 곳곳으로 생활 영역을 넓힐 수 있었죠.

또 파충류의 피부는 얇고 습한 양서류와 달리 단단한 비늘로 덮여 있어요. 그 덕분에 수분이 쉽게 증발하지 않고 강한 햇빛이나 날카로운 돌 같은 외부 자극으로부터 몸을 보호해요. 그래서 아주 건조한 사막에서도 살 수 있지요. 파충류는 피부가 아니라 완전히 발달한 폐로만 숨을 쉬어요. 공기를 들이마시고 내쉬는 과정이 사람과 꽤 비슷합니다. 배설하는 방식도 독특해요. 파충류 대부분이 물을 아끼기 위해 요산이라는 형태로 배설물을 내보냅니다. 이 또한 물이 부족한 환경에 적응한 결과예요.

파충류는 크게 몇 가지 무리로 나뉘어요. 가장 큰 그룹은 뱀과 도마뱀이 속한 인룡류예요. 이들은 몸이 길쭉하고 유연합니다. 턱이 굉장히 유연해서 크게 벌어지므로 자기 몸보다 훨씬 큰 먹이도 삼킬 수 있어요. 거북은 단단한 등껍질과 배껍질로 몸을 보호해요. 그 덕분에 천적이 쉽게 공격하지 못하죠. 강력한 턱과 꼬리를 지닌 최상위 포식자, 악어도 파충류에 속합니다. 악어는 주로 강이나 늪 같은 물가에 살며 숨을 오랫동안 참을 수 있어요. 심장이 네 칸으로 나뉘어 있어 산소를 효율적으로 온몸에 전달합니다. 이는 조류나 포유류와 비슷한 특징이에요. 숨을 잘 참는 덕분에 물속에 몰래 숨어 있다가 먹이를 순식간에 낚아챕니다.

또 하나 흥미로운 사실은 새가 공룡 중에서 수각류라 불리는 무리에서 진화했다는 거예요. 지금 우리가 보는 참새나 비둘기도 따지고 보면 공룡의 후손인 셈입니다. 즉, 공룡은 완전히 멸종한 게 아니라 새의 모습으로 살아 있어요!

오늘날 파충류는 기후변화, 서식지 파괴, 오염 때문에 큰 위기에 놓여 있어요. 사람들이 버린 쓰레기나 농약 같은 오염물질 때문에 죽어가는 거북이도 많습니다. 특히 바다거북은 플라스틱을 해파리로 착각해 먹었다가 고통스럽게 목숨을 잃기도 하고, 뱀이나 도마뱀들도 도시 개발로 삶의 터전을 잃고 있어요. 우리는 이들의 서식지를 보호하고 불법으로 파충류를 잡거나 거래하지 못하게 해야 해요. 또 무섭고 혐오스러운 존재로만 보지 않고 자연에서의 역할을 알 수 있도록 교육하는 것도 중요합니다. 파충류는 생태계에서 먹이사슬을 조절하고 환경의 건강 상태를 알려주는 생물이거든요.

파충류는 무섭거나 차갑기만 한 동물이 아닙니다. 수억 년 동안 지구에서 살아남아 생태계의 균형을 지키는 중요한 생물들이죠. 우리가 이들을 제대로 알고 함께 살아갈 방법을 찾아야 합니다. 그래야 이 멋진 생명들이 앞으로도 지구에서 오랫동안 살아갈 수 있겠지요?

036

뱀과 도마뱀
털이 없으면 어때?
턱 빠지게 놀라운 유린류의 세계!

깊은 정글, 작은 도마뱀이 나뭇가지에 앉아 있다가 갑자기 앞다리를 쫙 펼치고 옆구리에 접혀 있던 피부를 펼치더니 날 듯이 미끄러지며 나무 사이를 활공합니다. 이 도마뱀은 날도마뱀이에요. 한편 아프리카 사바나에서는 커다란 비단뱀이 먹잇감을 휘감아 숨막히게 한 뒤 천천히 통째로 삼키고 있죠. 전혀 다른 환경에서 서로 다른 방식으로 살아가지만 이 둘은 모두 유린류에 속한 파충류예요. 유린류를 풀어 쓰면 있을 유有와 비늘 린鱗을 써서 말 그대로 비늘을 가진 동물을 뜻합니다. 몸이 비늘로 덮여 있고 턱이 매우 유연해 자기 머리보다 큰 먹이도 삼킬 수 있어요. 또 야콥슨기관이라는 특별한 후각 기관으로 냄새를 감지해 먹이나 주변 상황을 파악해요. 이런 특징 덕분에 뱀과 도마뱀은 정글과 사막, 산과 도시까지 지구 곳곳의 다양한 환경에서 번성할 수 있었죠.

흔히 "다리가 없으면 뱀, 있으면 도마뱀!"이라고 하지만 더 정확한 구분법이 있어요. 도마뱀은 눈을 깜빡일 수 있는 눈꺼풀이 있고 귓구멍도 보이지만, 뱀은 눈꺼풀이 없어 투명한 비늘로 눈이 덮여 있고 귓구멍도 아예 없어요. 그래서 뱀은 주로 소리보다는 땅의 진동을 느껴 주변을 인식해요.

뱀은 대부분 육식동물이에요. 살모사나 코브라처럼 독으로 먹이를 마비시키는 뱀도 있고, 비단뱀처럼 몸으로 휘감아 먹이를 질식시키는 종도 있어요. 뱀독에는 신경을 마비시키는 신경독, 피를 망가뜨리는 혈액독, 세포를 손상시키는 세포독 등 여러 종류가 있어요. 사람에게 도움이 되는 경우도 있어요. 자라라카라는 뱀의 독은 혈압약을 만드는 데 쓰였고, 항암제와 진통제 연구에 활용되는 뱀독도 있어요. 도마뱀은 대개 독이 없지만 포식자를 피하기 위해 꼬리를 스스로 끊고 도망치는 능력이 있어요. 꼬리는 시간이 지나면 다시 자라며, 이런 재생 능력은 조직 재생과 관련한 과학 연구에서 중요한 모델로 사용돼요. 아주 드물게 독을 지닌 도마뱀도 있어요. 미국과 멕시코에 사는 독도마뱀의 독은 혈당을 낮추는 기능이 있어서 당뇨병 치료제 개발에 쓰입니다. 이처럼 뱀과 도마뱀은 같은 조상에서 갈라져 나와 각자의 방식으로 진화했어요. 겉보기엔 낯설거나 무서울 수 있지만 이들은 자연과 과학을 이해하는 데 꼭 필요합니다. 이들은 자연이 만든 놀라운 진화의 결과를 눈으로 볼 수 있게 해주는 생물들이에요.

#교과 #생물의_구성과_다양성 #동물과_에너지 #생식과_유전 #아콥슨 #유전과_진화

037

거북류
갈비뼈가 집이 됐어요!
바다의 내비게이터 친구들

앞에서 살펴본 찰스 다윈 기억하지요? 진화론으로 유명한 다윈은 1835년에 갈라파고스 제도에서 거북 한 마리를 데려왔어요. 거북의 이름은 해리엇이었습니다. 해리엇은 무려 175년을 살고 2006년에 세상을 떠났죠. 해리엇은 다윈이 탐사를 마친 후 호주 동물원에서 오랫동안 살았고, 사람들에게 많은 사랑을 받았습니다. 다윈의 시대를 살았던 거북이 우리와 같은 시대까지 함께했다는 사실이 놀랍지 않나요?

거북은 판소리 〈수궁가〉에도 등장하며 우리에게 매우 친숙한 동물입니다. 실제로 거북은 매우 독특한 파충류랍니다. 거북은 몸이 단단한 껍질로 덮여 있는데, 이 껍질은 단순히 피부가 딱딱해진 게 아니라, 갈비뼈와 척추뼈가 바깥으로 뻗어 나온 구조입니다. 덕분에 천적에게 쉽게 잡아먹히지 않지만 몸을 빠르고 유연하게 움직이기는 어려워요.

감각도 뛰어난 편이에요. 거북 대부분은 시각과 후각이 발달해서 먹이나 짝을 찾는 데 유리합니다. 바다거북은 지구 자기장을 느껴 수천 킬로미터 떨어진 고향 해변을 정확히 찾아와요. 마치 생체 GPS 같죠. 반면 귀는 잘 들리지 않아서 소리에 예민하지 않지만 진동이나 낮은 소리에는 민감하게 반응해요.

현재 알려진 거북은 360종이 넘고 바다부터 강, 습지, 사막, 산까지 다양한 환경에서 살아요. 목을 껍질 안으로 넣는 방식에 따라 두 무리로 분류되는데, 대부분은 S자 모양으로 목을 접어 껍질 안으로 쏙 넣는 잠경류에 속해요. 그 외에는 목을 옆으로 구부려 숨기는 곡경류가 있습니다.

크기도 매우 다양해요. 장수거북은 길이 2.7미터, 무게 900킬로그램에 이르며 갈라파고스땅거북은 육지거북 중 가장 커서 1.5미터 가까이 자라며 500킬로그램에 달해요. 또 거북은 알이 부화할 때의 온도에 따라 성별이 결정돼요. 따뜻하면 암컷, 서늘하면 수컷이 태어납니다. 기후변화로 온도가 상승하면서 암컷 비율이 지나치게 높아질 수 있어 거북 개체 수가 줄어들까 봐 과학자들이 걱정하고 있어요.

거북은 아가미가 없고 폐로 숨을 쉬기 때문에 물속에 오래 있더라도 주기적으로 물 밖으로 나와야 해요. 다만 피츠로이강거북처럼 항문 근처에서 산소를 흡수하는 특별한 능력을 지닌 종도 있어요. 이런 점만 봐도 거북이 얼마나 다양한 비밀을 지닌 생물인지 알 수 있죠.

안타깝게도 요즘 많은 거북이 멸종 위기에 놓여 있어요. 바다거북은 앞서 이야기한 것처럼 플라스틱을 해조류 등 먹이로 착각해 삼키거나, 산란지로 삼던 해변이 개발로 사라지면서 개체 수가 줄고 있어요. 푸른바다거북이 플라스틱을 먹고 장이 막혀 죽는 사례도 자주 보고됩니다. 이를 막기 위해 인공 부화, 산란지 보호, 혼획 방지용 어망 개발, 시민 참여 연구와 캠페인 등 세계 곳곳에서 다양한 노력이 이어지고 있어요. 산란기에는 해변 조명을 줄이거나 사람 출입을 제한해 새끼 거북이 안전하게 바다로 갈 수 있도록 돕기도 해요

수백 년을 살아온 거북은 바다의 신사라고도 불립니다. 이제는 우리가 이들을 지켜주는 든든한 등딱지가 되어줄 차례 아닐까요?

공룡
오늘 아침에 본 그 새 안에 공룡이 있다고요?

1993년에 개봉한 영화 〈쥐라기 공원〉을 본 적 있나요? 이 영화는 지금도 시리즈가 이어질 만큼 많은 사람에게 강렬한 인상을 남겼죠. 티라노사우루스가 포효하고, 벨로시랩터가 문 손잡이를 돌릴 만큼 영리하게 묘사된 장면은 특히 기억에 남아요. 물론 유전공학으로 공룡을 되살린다는 영화 설정은 상상이지만, 공룡이 여전히 신비롭고 매력적인 존재라는 건 분명해요. 다만 영화 속 공룡의 모습이 과학적으로 모두 정확한 건 아니랍니다. 이제 진짜 공룡 이야기를 살펴볼까요?

공룡은 약 2억 3천만 년 전 지구에 등장했어요. 도마뱀이나 악어 같은 파충류도 오래된 동물이지만 공룡은 훨씬 거대한 몸집과 독특한 생김새로 지구를 지배했죠.

공룡이 다른 파충류와 크게 다른 점 중 하나는 다리의 위치예요. 대부분의 파충류는 다리가 몸 옆에 달려 기듯이 움직이지만 공룡은 다리가 몸 아래에 곧게 서 있어 무거운 몸을 안정적으로 지탱하고 빠르게 이동할 수 있었어요. 공룡의 모습과 생활 방식은 매우 다양했어요. 브라키오사우루스나 디플로도쿠스처럼 목이 길고 거대한 초식 공룡도 있었고, 티라노사우루스나 벨로시랩터처럼 날렵한 육식 공룡도 있었죠. 뿔이 달린 트리케라톱스, 갑옷처럼 단단한 몸을 지닌 안킬로사우루스, 머리로 들이받는 파키케팔로사우루스까지 공룡의 형태는 상상을 뛰어넘을 만큼 다채로웠어요.

과학자들은 공룡을 크게 조반류와 용반류로 나눠요. 조반류는 골반 구조가 새와 비슷하고, 대부분 초식 공룡이에요. 하지만 실제 새는 이 무리에서 나온 게 아니에요. 새의 조상은 용반류 중에서도 티라노사우루스와 같은 수각류 공룡이에요.

약 6천6백만 년 전, 지구에 거대한 소행성이 지구에 충돌하면서 기후가 급변했어요. 급격히 추워지면서 공룡 대부분이 멸종했습니다. 먹이사슬이 무너지자 거대한 육상 공룡은 살아남기 어려웠어요. 하지만 모든 공룡이 사라진 건 아닙니다. 새들이 그 후손으로 살아남았으니까요. 우리가 매일 보는 참새나 비둘기 역시 공룡의 후예랍니다.

영화와 책에 등장하는 공룡에는 과장되거나 잘못된 설정도 많아요. 벨로시랩터는 크고 무섭게 나오지만 실제로는 칠면조만큼 작고 깃털이 있었을 거라고 해요. 티라노사우루스가 움직이는 물체만 본다는 설정도 과학적으로 맞지 않아요. 연구에 따르

면 티라노사우루스는 시력과 후각이 모두 뛰어났을 것으로 추정
돼요.

공룡은 단순히 멸종한 무섭고 거대한 동물이 아니라 지구 생
명의 다양성과 진화를 이해하는 중요한 열쇠예요. 새와 악어 같
은 동물 속에는 지금도 공룡의 흔적이 살아 있고 과학자들은 공
룡 뼈와 화석, 유전적 단서를 연구해 그들의 이야기를 계속 밝혀
내고 있어요. 알고 보면 공룡은 생각보다 훨씬 우리 가까이에 있
는 친구일지도 몰라요!

조류
날기 위해 뼈까지 비우겠어!

요즘 도심에서는 제비를 보기 참 힘들어요. 하지만 예전에는 제비가 우리 곁에 가까이 존재하는 새였고, 전래동화 〈흥부와 놀부〉에서도 복을 가져오는 상징으로 등장하죠. 이 작고 귀여운 제비가 사실은 엄청난 여행자랍니다. 늦가을이 되면 제비는 따뜻한 동남아시아까지 수천 킬로미터를 날아가요. 하루에 300킬로미터 넘게 이동하는 날도 있죠. 앨버트로스는 날갯짓을 거의 하지 않고도 몇 시간씩 하늘을 활공하고 벌새는 초당 50번이 넘는 날갯짓으로 공중에 멈춰 있을 수 있어요. 신기하죠?

새는 하늘을 날기 위해 몸의 구조와 생리 기능을 특별하게 바꾼 동물이에요. 깃털은 가볍고 단단해 공기 저항을 줄이고 체온을 유지해줘요. 그래서 오리나 거위 깃털이 겨울 패딩의 충전재로 쓰이기도 하죠. 새의 뼈는 속이 비어 있어 가볍지만 튼튼해요. 날개 길이가 2미터가 넘는 큰 새의 뼈 무게가 100그램 정도밖에 안 되는 경우도 있답니다.

또 새는 비행에 필요한 근육이 매우 발달해 있어요. 가슴 근육은 몸무게의 4분의 1을 차지하기도 하죠. 이렇게 무거운 근육이 몸 중심에 있어 비행 중 균형을 잡고 안정감을 줘요. 에너지를 많이 쓰는 만큼 소화도 빠르고 심장 박동도 매우 빨라요. 어떤 새는 심장이 분당 수천 번이나 뛰기도 해요.

새의 폐 구조도 정말 놀라워요. 사람은 숨을 들이쉬고 내실 때 폐로 공기가 들어왔다 나갑니다. 하지만 새의 경우엔 공기가 한 방향으로만 흘러요. 그래서 항상 신선한 공기로 숨을 쉽니다. 그 덕분에 고산 지대처럼 산소가 적은 곳에서도 오랫동안 날 수 있어요. 이런 특징은 먹이를 찾거나 포식자를 피하고 거리가 먼 번식지로 이동하는 데에도 큰 도움이 됩니다.

새는 지구 거의 모든 환경에서 살아가요. 하늘을 나는 새뿐 아니라 펭귄처럼 날지 못하지만 수영에 능한 새도 있어요. 황제펭귄은 남극의 차가운 얼음 위를 걷고 바닷속 수백 미터까지 잠수해 먹이를 잡아요. 벌새는 꽃꿀을 먹기 위해 공중에서 멈춘 것처럼 날 수 있습니다. 이들이 살아가는 방식은 정말 다양해요.

오랜 세월 동안 새는 사람과도 가까웠어요. 닭과 오리는 식량이 되었고, 비둘기는 한때 우편을 나르기도 했죠. 요즘은 반려조를 키우거나 새를 관찰하는 탐조(버드워칭)를 즐기는 사람도 많아요. 새는 해충을 줄이고 씨앗을 퍼뜨리거나 꽃가루를 옮기며 생태계에서 중요한 역할을 합니다.

안타깝게도 지금 많은 새가 위기에 놓여 있어요. 도시화와 농지 확대로 인한 환경 파괴, 기후변화와 외래종 침입, 밀렵 때문에 서식지가 줄어들고 생명에 위협을 받고 있죠. 이로 인해 멸종 위기에 처한 종도 계속 늘고 있어요. 그래서 전 세계에서는 새를 보호하려는 노력이 이어지고 있어요. 이동 중 쉬어갈 보호구역을 만들고 인공 둥지를 설치하거나 멸종위기종을 사육해 번식시켜 자연으로 돌려보내기도 해요. 시민들이 참여하는 관찰과 기록 활동도 활발하게 운영되고 있어요.

하늘을 나는 새는 지구에서 가장 놀라운 동물 중 하나예요. 새를 지키는 일은 자연 전체의 건강과 균형을 지키는 일이기도 합니다. 이 멋진 친구들이 자유롭게 하늘을 날 수 있도록 함께하면 좋겠습니다.

040

포유류
젖을 먹여 키우는
털 달린 동물의 세계

아침에 마시는 우유, 반려동물인 개와 고양이, 그리고 우리 자신까지 모두 포유류입니다. 인류는 오래전부터 포유류와 함께 살아왔고 지금도 일상 곳곳에서 포유류의 영향을 받으며 살아갑니다. 말은 인간의 이동과 전쟁 방식을 바꾸며 역사를 움직였고 소와 양은 수천 년 동안 식량과 옷감을 제공해 문명의 기반이 되었어요. 쥐는 의학 연구의 핵심 실험동물로 수많은 생명을 살리는 데 기여했습니다. 포유류는 단순히 가축이 아니라 인간의 삶과 역사 속에 깊이 얽힌 존재입니다.

포유류라는 이름에는 '젖을 먹여 기른다.'라는 뜻이 담겨 있어요. 실제로 새끼에게 젖을 먹이는 것은 포유류의 중요한 공통점입니다. 지구에서 가장 다양한 환경에 적응한 척추동물인 포유류는 털, 젖샘, 정교한 치아 구조, 잘 발달한 뇌, 일정한 체온 유지 능력 같은 고유한 특징을 지니고 있어요. 털은 몸을 따뜻하게 하고 감각을 도우며 외부 자극으로부터 몸을 보호하는 역할을 합니다. 귓속에는 아주 작은 뼈인 망치뼈·모루뼈·등자뼈가 있어서 소리를 정확하게 들을 수 있게 전달합니다. 또한 치아는 앞니·송곳니·어금니로 역할이 나뉘어 다양한 먹이를 섭취하게 해줍니다.

포유류의 적응력은 놀라울 정도입니다. 지구 역사상 가장 큰 동물은 해양 포유류인 대왕고래입니다. 길이 약 30미터, 무게는 180톤에 달해요. 박쥐는 날 수 있는 유일한 포유류로 초음파를 이용해 어둠 속에서도 장애물을 피해 날아다니고 먹이를 잡을 수 있습니다. 사막의 낙타는 혹에 저장한 지방을 분해해 물과 에너지를 얻으며 사막을 버텨요. 북극곰은 두꺼운 지방층과 털 덕분에 혹한을 견디고, 티베트영양은 산소가 부족한 고산 지대에서 살 수 있도록 특별한 혈액 특성을 지녔어요.

재밌는 포유류도 많아요. 오리너구리는 포유류지만 알을 낳고, 수컷은 독을 지니고 있습니다. 마다가스카르에 사는 알락꼬리여우원숭이는 고립된 환경 속에서 독특한 행동과 생태를 진화시켰죠. 코끼리는 서로 감정을 공유하고, 죽은 동료를 애도하며 장례식처럼 보이는 행동도 합니다. 고래는 노래로 소통하며 바다에서 새끼를 낳아 젖을 먹이죠. 이런 모습은 포유류가 매우 지능적이고 복잡한 행동을 한다는 걸 보여줘요.

인간은 포유류를 다양한 방식으로 활용해 왔어요. 소·양·돼지·염소 같은 가축은 식량, 옷감, 가죽 등 자원을 제공했고, 개와 말은 수렵, 경비, 운송, 교감 등 수없이 다양한 역할을 했습니다.

특히 쥐와 원숭이 등 일부 포유류는 의학 연구의 핵심 모델로 활용되어 질병 치료와 신약 개발에 기여하고 있습니다. 최근에는 포유류의 유전체 연구를 통해 유전 질환이나 암, 뇌 질환의 원인을 파악하고 치료법을 찾고 있어요.

하지만 현재 전 세계 포유류의 25% 이상이 서식지 파괴와 기후변화, 밀렵, 외래종 유입으로 멸종 위기에 놓여 있어요. 수마트라오랑우탄이나 아시아코끼리, 흰코뿔소는 인간의 활동 때문에 개체 수가 급격히 감소했고, 바이칼물범이나 바키타돌고래 같은 수생 포유류가 멸종 위기에 처해 있습니다.

다행히 전 세계적으로 포유류를 보호하기 위해 보호구역을 만들고 멸종위기종 번식 프로그램을 운영하며, 유전자 저장소를 구축하거나 불법 거래를 단속하는 등 노력이 이어지고 있습니다. 시민이 참여하는 생태 조사 프로그램과 서식지 복원 활동도 늘어나고 있어요. 포유류는 인간과 가장 가까운 동물군이자 생태계의 균형을 지키는 핵심 존재예요. 포유류를 지키는 일은 결국 우리 자신과 지구의 미래를 지키는 일이기도 합니다.

041

단공류
알을 낳는 포유류!
오리너구리를 아시나요?

호주 숲속 강가에서 납작한 부리를 가진 동물이 헤엄치는 모습을 본 적 있나요? 오리 발 같은 발로 물살을 가르며 움직이는 그 동물, 바로 오리너구리예요. 생김새가 워낙 독특해 "여러 동물을 섞어 만든 것 같다."는 말까지 듣지만 진짜 특별한 점은 그 생활 방식에 있습니다.

오리너구리는 포유류이면서도 알을 낳아요. 포유류는 새끼를 배 속에서 키워 낳지 알을 낳는 경우는 거의 없잖아요. 그런데 오리너구리는 새나 파충류처럼 껍질이 얇은 알을 낳아 품고 부화한 새끼는 어미의 젖을 먹으며 자랍니다. 여기서도 독특한 점이 있어요. 단공류인 오리너구리는 대다수 포유류처럼 뚜렷한 젖꼭지가 없고 피부에서 젖이 스며 나오듯 분비돼요. 새끼는 털 사이에서 젖을 핥아먹으며 성장하죠.

오리너구리와 가시두더지는 단공류라는 무리에 속해요. 단공류라는 이름은 구멍이 하나라는 뜻을 담고 있어요. 포유류 대부분은 배설하고 소변을 내보내고 생식에 쓰는 구멍이 나뉘어 있는데 단공류는 배설, 배뇨, 생식 기능을 하나의 구멍인 총배설강으로 해결합니다. 포유류이면서도 조류나 파충류 같은 특징을 가지고 있어요.

감각 능력도 놀라울 정도로 정교합니다. 부리에는 전기를 느끼는 감각 기관이 있어 물속 먹잇감이 내는 미세한 전기 신호를 감지할 수 있어요. 그래서 눈을 감고도 먹이를 찾을 수 있지요. 또 수컷은 뒷다리에 독이 있는 발톱을 지니고 있어 위협을 느끼거나 번식기 경쟁 상황에서 상대에게 강한 통증을 줄 수 있어요. 포유류 중 드물게 독을 지닌 사례입니다.

현재 지구에 남아 있는 단공류는 단 5종뿐입니다. 오리너구리 1종과 가시두더지 4종으로 구성되어 있어요. 오리너구리는 호주 남동부와 태즈메이니아의 민물 하천에서 살며 물과 육지를 오가고, 가시두더지는 오스트레일리아와 뉴기니에 분포하며 긴 혀와 예민한 감각으로 땅속 개미나 흰개미를 먹습니다. 몸에 가시처럼 돋은 털은 천적으로부터 자신을 지켜주는 역할을 하죠.

과학자들이 단공류에 주목하는 이유는 이들이 포유류가 어떻게 진화했는지를 담은 중요한 단서를 제공하기 때문입니다. 알을 낳고 총배설강을 가지며 젖꼭지가 뚜렷하지 않은 모습은 초기 포유류의 흔적을 보여주는 듯하죠. 오리너구리의 전기 감각은 물속 센서 등 미래 기술로 응용될 가능성이 있다고 해요.

이 신기한 동물들 역시 현재 안전하지 않습니다. 기후변화, 서식지 파괴, 강 오염 등으로 개체 수가 줄고 있어요. 현재 국제자연보전연맹(IUCN) 적색목록에서 취약종으로 분류돼 있습니다. 뉴기니에 사는 긴코가시두더지는 사는 곳이 험하고 정보가 부족해서 정확한 개체 수조차 알기 어려운 상황이에요. 그래서 서식지 보호 활동과 시민 참여 관찰 활동, 각종 연구가 이어지고 있습니다.

오리너구리를 처음 보면 '이게 정말 실존하는 동물 맞아?'라는 생각이 들 수 있습니다. 오리너구리는 오리도, 너구리도 아닌 자신만의 길을 걸어온 생명체예요. 포유류의 과거를 이해하게 해주는 중요한 존재인 만큼 앞으로도 오래 살아남을 수 있도록 우리의 관심과 보호가 필요합니다.

유대류
엄마 주머니 속에서 생존 법칙을 배워요

캥거루 새끼는 태어나자마자 정말 놀라운 행동을 합니다. 몸길이가 몇 센티미터에 불과하고 무게도 1그램 남짓한 핏덩이 같은 새끼는 태어나자마자 앞발 힘만으로 어미의 배털을 붙잡고 기어오릅니다. 그리고 마침내 어미의 주머니, 즉 육아낭 안으로 들어가 젖꼭지를 물고 몇 달을 지냅니다. 이렇게 아주 미숙한 새끼를 낳아 주머니에서 기르는 포유류를 유대류라고 하며, 캥거루뿐 아니라 코알라, 웜뱃, 왈라비, 주머니쥐 등이 여기에 속해요.

유대류는 왜 이런 방식으로 진화했을까요? 유대류도 임신 중 태반을 사용하지만 태반이 일반적인 태반포유류처럼 잘 발달하지 않았어요. 그래서 어미 뱃속 충분한 산소와 영양분을 오랫동안 공급받기 어렵고 임신 기간도 짧아질 수밖에 없죠. 그 결과 새끼는 덜 자란 상태로 태어나고, 대신 출생 후 육아낭에서 오랫동안 젖을 먹으며 성장해요. 이 방식은 어미가 배 속에서 위험하게 오래 임신하지 않아도 된다는 장점이 있지만, 새끼가 아주 약한 상태로 태어나기 때문에 바깥 환경과 어미의 상태에 더 크게 영향을 받게 돼요.

유대류가 호주에 특히 많은 이유는 대륙의 역사와 관련이 있어요. 아주 오래전 곤드와나라는 거대한 대륙이 있었어요. 지금의 호주, 남아메리카, 남극 대륙이 한 덩어리였죠. 시간이 지나 이 땅이 갈라지면서 유대류도 각 지역으로 퍼졌고, 호주는 비교적 일찍 다른 대륙과 분리돼 오랫동안 고립됐습니다. 그 사이 다른 대륙에서 번성하던 태반포유류가 호주로 거의 유입되지 못해, 호주에서는 유대류가 다양한 서식 환경에 적응하며 번성할 수 있었죠. 반면 남아메리카의 유대류는 이후 태반포유류와 본격적으로 경쟁하면서 많은 종이 사라지고 일부만 남게 되었습니다.

유대류에 대한 오해도 많아요. 모든 유대류가 겉으로 드러나는 뚜렷한 주머니를 지니지는 않습니다. 일부는 피부의 젖샘 주변에 새끼가 매달려 자라기도 합니다. 또 유대류가 호주에만 산다는 인식과 달리, 아메리카대륙에도 많은 종의 주머니쥐들이 살고 있어요.

흥미롭게도 유대류 중에는 다른 지역의 태반포유류와 비슷한 환경에서 살다 보니 모습과 역할까지 비슷해진 경우가 많습니다. 날다람쥐처럼 활공하는 유대류나 늑대 같은 모습으로 사냥하는 유대류도 있었죠. 이렇게 서로 먼 친척이 비슷한 환경에 적응하며 닮아가는 현상을 수렴진화라고 합니다. 결국 환경이 비슷하면 살아남기에 유리한 모습도 비슷해질 수 있지요.

　유대류의 적응 방식은 매우 다양해요. 코알라는 유칼립투스 잎의 독성을 어느 정도 처리할 수 있는 소화 능력을 가져서 이를 주식으로 삼습니다. 캥거루는 강한 뒷다리로 멀리 도약해서 효율적으로 이동합니다. 물이 거의 없는 환경에서 물을 아껴 쓰며 견디거나, 기온이 낮을 때는 활동을 줄여 에너지를 절약하는 종도 있죠.

　캥거루와 코알라는 호주를 상징하는 동물로 생태관광에 중요한 역할을 하고, 유대류의 면역체계나 육아낭 환경은 의학에 도움이 될 가능성이 연구되고 있어요. 동물원에서 만나는 유대류를 보며 "귀엽다!"에서 한 걸음 더 나아가, 왜 이런 방식으로 살아가게 됐는지 생각해보면 훨씬 흥미롭게 느껴질 거예요.

043

박쥐류
초음파로 세상을 보는
밤하늘의 사냥꾼

어릴 때 시골에 살았던 저는 어느 날, 해가 뉘엿뉘엿 질 무렵 마당 위로 박쥐 수십 마리가 낮게 날아다니는 걸 본 적이 있습니다. 그땐 박쥐가 곤충을 잡기 위해 그렇게 난다는 것도 몰라, 장난삼아 막대기를 휘둘러봤어요. 그런데 박쥐들은 좁은 공간에서도 서로 부딪히지 않고, 막대기까지 정확히 쏙쏙 피해 다니더군요. 그 모습이 정말 인상적이었어요. 박쥐가 이렇게 민첩한 이유는 밤에 보는 방식이 우리와 다르기 때문이에요. 박쥐는 눈으로만 보지 않고 초음파를 내보내서 물체에 부딪혀 되돌아오는 소리를 통해 주변을 파악하는 반향정위를 사용해요. 쉽게 말하면 '소리로 보는' 셈이죠. 박쥐는 입이나 코로 "삑" 하고 높은 소리를 내보내고 그 소리가 물체에 부딪혀 돌아오면 귀로 듣고 "저기 나무가 있네." "저기 곤충이 있군."이라고 파악합니다. 덕분에 깜깜한 밤에도 자유롭게 날고 사냥할 수 있어요.

박쥐는 포유류 중에서 스스로 날 수 있는 유일한 동물이에요.

높은 데서 낮은 데로 활공하는 날다람쥐와 달리, 앞다리와 길게 발달한 손가락뼈 사이의 얇은 피부막으로 날개를 만들어 지속적으로 비행합니다. 손가락 사이에 얇은 막이 붙어 있다고 상상해 보세요. 이 날개는 모양을 정교하게 바꿔 공기 흐름을 조절해 급회전하거나 좁은 곳을 지그재그로 비행할 수 있게 해줘요. 비행에 많은 에너지가 필요한 만큼 활동할 때는 심장이 빨리 뛰고 몸이 바쁘게 움직여요. 대신 겨울에는 동면하면서 거의 움직이지 않고 에너지를 극도로 절약합니다.

흡혈귀 이야기에서 박쥐가 자주 나와서인지 박쥐는 오랫동안 무서운 이미지로 각인되어 있어요. 실제로 남아메리카에 피를 먹는 흡혈박쥐가 있기는 하지만 박쥐 중 극히 일부예요. 대부분의 박쥐는 사람 피에 관심이 없고 주로 곤충, 과일, 꽃꿀을 먹고 살아요. 배트맨은 박쥐의 '밤에 활동하는 능력'과 '빠른 감각'을 멋있게 가져다 쓴 캐릭터입니다.

오히려 박쥐는 우리에게 큰 도움을 줘요. 곤충을 먹는 박쥐는 모기 등 해충을 줄이고, 어떤 박쥐는 하룻밤 사이에 곤충을 정말 많이 잡아먹기도 해요. 과일을 먹는 박쥐는 씨앗을 퍼뜨려 숲이 자라는 데 도움을 줍니다. 꽃꿀을 먹는 박쥐는 꽃가루를 옮겨 식물이 열매를 맺는 데도 한몫합니다. 박쥐는 조용하지만 생태계에서 중요한 역할을 하는 밤의 일꾼이에요.

최근 숲이 줄고 동굴이 훼손되어 박쥐가 쉴 곳을 잃고, 농약 사용으로 곤충이 줄어 먹이도 부족해졌습니다. 일부 지역에서는 질병으로 개체 수가 급감한 사례도 있어요. 박쥐에 대한 오해 때문에 이들이 쫓겨나거나 해를 입는 일도 있었어요. 박쥐는 에볼라바이러스, 코로나바이러스와 같은 질병 바이러스에 감염되어도 멀쩡히 살아가는 경우가 있어서 연구 대상이 되고 있습니다. 이 때문에 박쥐가 위험한 동물처럼 느껴질 수도 있지만, 문제의 핵심은 인간이 동물들의 야생 서식지를 함부로 건드려 자연의 경계를 무너뜨린 데 있어요. 그 결과 사람과 박쥐의 접촉이 늘어나며 문제가 커진 거예요. 따라서 인간 활동으로 자연이 훼손하지 않도록 해야 해요. 또한 자연과의 적절한 거리를 지켜야 합니다.

박쥐는 밤에만 활동하는 이상하고 무서운 존재가 아니라, 놀라운 감각과 능력으로 생태계를 조율하며 숲을 돕고 균형을 지탱하는 동물이에요. 다음에 저녁 하늘을 가로지르는 박쥐를 보게 된다면, 무서워하지 말고 '와, 소리로 세상을 보며 날아다니네!' 하고 생각해보면 어때요? 배트맨을 떠올리면서 박쥐의 '진짜 능력'을 상상해보는 것도 꽤 재미있을 거예요.

044

영장류
거울 속 나를 닮은 것 같아요!

침팬지가 개미를 잡아먹는 장면을 본 적 있나요? 침팬지는 도구를 아주 능숙하게 사용하는 동물이에요. 나뭇가지를 꺾어 개미굴에 쑥 넣으면 개미들이 그 가지에 우르르 달라붙죠. 그러면 침팬지는 가지를 꺼내 개미를 하나씩 쏙쏙 맛있게 먹어요. 이런 모습을 보면 '앗, 사람 같다!' 하는 생각이 절로 들어요.

원숭이들이 서로 털을 골라주는면서 사이좋게 지내는 모습도 인간과 닮아 보여요. 겉으로는 단순한 털 정리처럼 보이지만 사실은 "우린 친한 사이야."라고 확인하는 중요한 사회적 행동이거든요. 긴팔원숭이처럼 나무 사이를 훌쩍훌쩍 건너다니는 동물도 있는데, 이들은 거리와 각도를 정확히 계산해 빠르고 우아하게 이동하죠. 침팬지, 원숭이, 긴팔원숭이는 모두 영장류라는 한 무리에 속하고, 놀랍게도 우리 인간 역시 영장류예요.

영장류가 처음부터 이렇게 똑똑하고 손재주가 좋았던 건 아니에요. 이들은 주로 숲에서 살아남는 과정에서 특별한 능력을 키웠습니다. 숲은 땅뿐만 아니라 나무 위아래로도 공간이 많은 입체적인 환경이잖아요. 그래서 영장류의 몸과 감각은 입체적인 환경에 맞게 크게 달라졌어요.

먼저 많은 영장류는 눈이 얼굴 앞쪽에 달려 있어요. 이렇게 되면 양쪽 눈으로 같은 대상을 보게 되어 거리감을 정확히 느낄 수 있는데, 이를 입체시라고 해요. 덕분에 나무와 나무 사이를 이동할 때 '저 나뭇가지가 얼마나 멀리 있는가?'를 잘 판단할 수 있고, 떨어질 위험도 줄어들지요.

손의 구조도 특별해요. 많은 영장류는 엄지손가락이 다른 손가락과 마주 잡힐 수 있어서 물건을 꽉 쥐거나 섬세하게 다룰 수 있어요. 이 덕분에 나무를 오르내리고 열매를 따서 먹거나 침팬지처럼 도구를 사용하는 행동도 가능해졌죠. 영장류는 냄새보다 시각에 더 의존하는 편이고 몸집에 비해 뇌가 커서 배우고 기억하는 능력도 뛰어나요. 성장 속도는 느리지만 그만큼 오랜 시간 배우고 익히며 지능을 발달시킵니다.

영장류에게는 친구 관계, 사회생활도 매우 중요해요. 서로 돕고 경쟁하며, 다투었다가 화해하기도 하고 무리 안에서 나름의 규칙을 만들기도 해요. 소리, 표정, 몸짓으로 의사소통하는 모습도 자주 볼 수 있죠. 이런 복잡한 사회생활은 영장류의 뇌가 발달하는 데 큰 영향을 주었을 거라고 여겨집니다.

영장류는 아주 오래전부터 진화해 왔고, 지금은 주로 열대와 아열대 지역에 살고 있어요. 밤에 활동하는 종도 있고 낮에 활동하는 종도 있으며, 꼬리를 이용해 나뭇가지를 붙잡는 종도 있고, 꼬리보다 팔 힘이 강해서 팔로 몸을 휘두르듯 흔들며 이동하는 종도 있어요. 모습은 달라도 '숲에서 살아가기'라는 공통된 조건 속에서 비슷한 능력이 발달한 거예요.

영장류를 이해하는 일은 결국 인간을 이해하는 길로 이어져요. 우리가 왜 손을 잘 쓰는지, 왜 소통과 관계를 중요하게 여기는지, 왜 관계가 복잡한지를 영장류를 통해 엿볼 수 있거든요. 그래서 영장류는 의학이나 뇌과학 연구에서도 중요한 대상이 됩니다. 물론 이런 연구는 윤리와 보호를 전제로 이루어져야 하고요.

결국 영장류를 이해하는 건 '우리가 어디에서 왔는지'를 돌아보는 일이에요. 그리고 영장류가 살아가는 숲이 사라지면 이들 역시 살아가기 어려워집니다. 영장류를 지키는 일은 단순히 동물을 보호하는 것을 넘어, 지구 생태계와 우리 자신의 뿌리를 함께 지키는 일이에요. 다음에 침팬지나 원숭이 영상을 보게 되면 "사람 같다!" 하고 웃는 데서 한 걸음 더 나아가 "숲에서 살다 보니 이런 능력이 생겼구나!" 하고 짚어보면 더 재미있을 거예요.

식육류
이빨 속에 숨겨진 생존의 법칙

얼어붙은 북극 바다에서 북극곰은 몇 킬로미터씩 헤엄치며 물개를 사냥해요. 아프리카 초원에서는 치타가 놀라운 속도로 가젤을 쫓고, 우리 동네에서는 길고양이가 참새를 노리기도 하죠. 이렇게 서로 다른 환경에서 살아가지만 이 동물들은 모두 식육류라는 한 무리에 속한 포유류예요. 식육류는 단순히 고기를 먹는 동물이 아니라 포식자이자 죽은 동물을 치우는 청소부이며 생태계의 균형을 조절하는 조절자이기도 합니다.

식육류의 몸은 고기 먹기에 알맞게 발달했어요. 특히 이빨이 강력해요. 뾰족한 송곳니로 먹이를 붙잡고 날카로운 어금니로 살을 자르기 좋아요. 턱 근육도 강해 무는 힘이 세고, 후각과 청각이 예민해 먹이나 위험을 빠르게 알아차리죠. 발톱과 발은 사냥에 유리하게 발달한 경우가 많고, 잘 발달한 뇌 덕분에 사냥 방법을 바꾸거나 무리 생활을 하는 등 행동도 복잡해요. 하지만 식육류가 모두 고기만 먹는 건 아니에요. 북극곰처럼 거의 고기 위주로 먹는 종도 있지만 많은 곰은 열매나 풀, 곤충도 먹는 잡식성이에요. 너구리도 식성이 매우 다양하죠. 어떤 식육류는 거의 초식처럼 삽니다. 가장 잘 알려진 예가 자이언트판다인데, 분류상 식육류이지만 주식은 대나무예요. 그래서 식육류를 무조건 육식동물이라고만 생각하면 정확하지 않아요.

식육류는 크게 개아목과 고양이아목으로 나뉘어요. 개아목에는 늑대와 여우 같은 개과, 곰과, 족제비과, 그리고 물개류가 포함돼요. 이들은 오래 달리며 지구력으로 사냥하거나 다양한 먹이를 활용하는 경우가 많아요. 고양이아목에는 고양이과가 대표적이에요. 고양이과 동물은 몸이 유연하고 몰래 다가가 한순간에 덮치는 사냥에 능하죠. 사자, 표범, 치타, 집고양이가 여기에 속해요. 하이에나처럼 뼈를 부술 만큼 턱이 매우 강한 동물이나 몽구스, 사향고양이 같은 작은 포식자도 이와 가까운 무리로 묶여요.

식육류는 생태계에서 중요한 역할을 합니다. 늑대나 큰 고양이 같은 포식자는 초식동물이 지나치게 늘지 않도록 조절해서 숲과 초원을 지켜요. 초식동물만 너무 많으면 풀이 다 뜯겨서 숲과 초원이 망가질 수 있거든요. 하이에나나 곰, 너구리처럼 사체를 먹는 동물은 죽은 생물을 치워 병원균 확산을 줄이죠. 조금 거칠어 보일 수 있지만 생태계에서 꼭 필요한 일을 하고 있는 셈이에요. 사람도 식육류와 오래전부터 함께 살아왔어요. 개는 가장 먼저 길들여진 동물로 사냥과 경비, 목축을 도왔고 지금은 가족 같은 반려동물이 되었죠. 고양이는 쥐를 잡아 농경 사회에 큰 도움을 주었고 지금은 개와 함께 대표적인 반려동물로 손꼽힙니다. 곰이나 호랑이, 사자는 신화와 이야기에서 힘과 용기의 상징으로 등장했으며, 우리나라 건국 신화에도 곰과 호랑이가 나옵니다.

요즘에는 많은 식육류가 위협을 받고 있어요. 북극곰은 기후 변화로 바다가 얼어붙는 기간이 줄어들면서 사냥터를 잃고, 눈표범은 서식지가 잘게 끊기거나 밀렵 때문에 개체 수가 줄고 있어요. 사자 역시 초원이 줄고 사람과 부딪히는 일이 늘면서 힘든 상황에 놓여 있습니다. 이를 해결하기 위해 여러 나라에서 보호구역을 늘리고 야생동물의 이동 통로를 잇고 밀렵을 단속하며 사람과 야생동물이 덜 갈등하게 만드는 방법을 찾으려 노력하고 있어요. 미국 옐로스톤 국립공원에 늑대를 다시 들여보내서 생태계가 되살아난 이야기도 이런 노력의 한 사례로 잘 알려져 있어요.

식육류는 무섭기만 한 동물이 아니라 자연에서 먹이그물의 균형을 잡아주고 생태계의 건강을 지키는 핵심 존재예요. 다음에 다큐멘터리에서 치타나 늑대를 보게 된다면, "멋있다!"는 감탄과 함께 "저 동물도 생태계에서 꼭 필요한 역할을 하고 있구나." 하고 떠올려볼 수 있겠죠?

큰 고양이
고양이인 듯 고양이 아닌, 야생을 지배하는 빅 캣!

호랑이와 사자를 화면으로만 봐도 "멋있다!"라는 말이 절로 나오지요. 큰 몹집, 우아한 움직임, 날카로운 눈빛은 진짜 '야생의 왕'처럼 느껴져요. 이런 동물들을 큰 고양이(Big Cats)라고 불러요. 무서운 포식자라서가 아니라 자연에서 중요한 역할을 하는 존재이기 때문에 더 특별합니다. 큰 고양이는 먹이사슬 맨 위에서 다른 동물의 수를 조절해 숲과 초원이 한쪽으로 무너지지 않게 잡아주는 생태계의 균형 조절자예요. 큰 고양이가 잘 살아가는 곳은 보통 자연이 건강하다는 신호로도 볼 수 있어요.

고양이과 동물 여덟 종을 묶어서 큰 고양이라로 부릅니다. 호랑이, 사자, 재규어, 표범은 표범속이라는 한 그룹에 들어가고, 치타, 눈표범, 퓨마, 구름표범도 생김새나 역할이 비슷해서 함께 큰 고양이로 묶여요. 각기 사는 곳도 다르고 사냥 방식도 달라서, 알고 보면 성격이 완전히 다른 별개의 동물처럼 보여요.

호랑이는 큰 고양이 중에서도 덩치가 가장 큰 편이에요. 시베리아호랑이는 정말 거대해서, 성체 수컷이 300킬로그램에 가까워지기도 해요. 호랑이는 혼자 다니는 걸 좋아하고, 숲이나 습지처럼 숨을 곳이 많은 환경에서 사냥을 잘해요. 몸의 줄무늬는 몸을 숨기게 도와줍니다. 그래서 가까이 오기 전까지 먹잇감이 눈치채기 어렵지요.

사자는 호랑이와 다르게 무리를 이루어 삽니다. 영화에서 많이 보던 장면처럼, 암사자들이 협력해서 사냥하고 수사자는 무리를 지키는 역할을 하는 경우가 많아요. 수사자의 갈기는 힘과 건강을 보여주는 신호처럼 쓰이기도 해요. 사자는 주로 아프리카 사바나에 살지만, 인도의 기르숲에는 소수의 아시아사자가 남아 있어요.

재규어는 중남미의 열대우림에 살고, 물과 친한 큰 고양이로 유명해요. 강을 잘 건너고 물가에서 사냥도 자주 해요. 또 턱 힘이 정말 강해서, 거북 같은 단단한 먹이도 공격할 수 있다고 알려져 있어요. 무늬가 표범과 비슷해서 헷갈리기 쉬운데, 재규어는 몸이 더 튼튼하고 반점(장미무늬) 안에 작은 점이 있는 경우가 많아요.

표범은 적응력 끝판왕입니다. 아프리카, 아시아, 숲, 초원, 산 등 다양한 환경에서 버텨요. 나무를 정말 잘 타서, 잡은 먹이를 나무 위로 끌고 올라가 숨겨 놓는 장면이 자주 관찰돼요. 우리나라에도 예전에는 표범이 살았다는 기록이 남아 있어요.

눈표범은 높은 산에 사는 고양이라서 유령고양이라는 별명도 있어요. 히말라야나 중앙아시아의 험한 산지에서 살다 보니 눈에 잘 띄지 않거든요. 눈표범은 털이 두껍고 몸이 회색이라 바위와 눈 사이에서 거의 안 보여요. 긴 꼬리는 추울 때 몸에 감아 담요처럼 쓰기도 하고, 균형을 잡는 데도 도움이 돼요.

치타는 속도 하나로 유명한 선수예요. 짧은 거리에서는 시속 100킬로미터 가까이 낼 수 있다고 알려졌지요. 몸이 길고 가늘며 다리가 길어서, 폭발적으로 달리기에 딱 맞게 생겼어요. 얼굴에는 눈에서 입 쪽으로 내려오는 검은 줄이 있는 것도 특징이에요. 다만 치타는 힘이 아주 강한 스타일은 아니라서, 사자나 하이에나 같은 경쟁자에게 사냥감을 빼앗기기도 해요.

퓨마는 북미부터 남미까지 엄청 넓은 지역에 사는 고양이예요. 쿠거나 마운틴라이언이라는 이름으로도 불리고요. 표범속은 아니지만 생태계에서 하는 역할이 비슷해서 큰 고양이로 자주 함께 이야기돼요. 숲, 산, 사막 주변에도 적응해서 살고, 사람 사는 곳 근처에 나타날 때도 있어요. 보통은 혼자 조용히 다니는 편이에요.

구름표범은 동남아시아의 열대우림에 살고, 나무 위 생활에 특히 강한 고양이예요. 발목이 유연해서 나무를 오르내릴 때 아주 유리하고, 송곳니가 몸집에 비해 길어서 더 인상적으로 보이기도 해요. 이름처럼 몸에 구름 모양의 무늬가 있어서 다른 표범류와 구별할 수 있어요.

큰 고양이를 이야기할 때 사람들이 가장 자주 헷갈리는 조합이 재규어와 표범이에요. 무늬가 비슷하지만, 재규어는 주로 아메리카에 살고 몸이 더 묵직하며 물가 사냥을 잘하는 편이고, 표범은 아프리카와 아시아에 넓게 살며 나무 타기에 특히 강하다는 차이가 있어요.

또 치타와 표범도 종종 헷갈리는데, 치타는 반점이 점점이 찍힌 느낌이고 얼굴에 검은 줄이 있으며 몸이 훨씬 날씬하고 달리기에 최적화된 체형이에요. 표범은 더 근육질이고 힘이 세며 나무 위로 먹이를 끌고 올라가는 행동이 유명하지요.

이 큰 고양이들이 중요한 이유는 '멋있어서'만이 아니에요. 큰 고양이가 사라지면, 먹이 동물의 수가 갑자기 늘어나 숲과 초원이 망가지거나, 반대로 어떤 동물은 너무 줄어드는 등 생태계 전체가 흔들릴 수 있어요. 그래서 큰 고양이를 지키는 일은 그 주변의 숲, 강, 초원, 그리고 그 안에서 사는 수많은 동식물을 함께 지키는 일이 되기도 해요. 이것이 사람에게도 도움이 되는 점이 있는데, 건강한 자연은 물을 깨끗하게 유지하고, 홍수나 가뭄 같은 문제를 줄이는 데도 도움을 줍니다. 게다가 큰 고양이가 살아 있는 지역은 생태 관광이나 교육, 연구 같은 면에서도 가치가 커요. 하지만 현실에서는 서식지가 줄고, 밀렵이 일어나고, 사람과 충돌하는 일이 늘면서 큰 고양이들이 점점 살기 어려워지고 있어요. 그래서 보호구역을 만들고, 밀렵을 단속하는 등 사람과 야생 동물이 공존할 방법을 찾는 노력이 계속되고 있어요.

결국 큰 고양이를 지킨다는 건 야생을 지키는 선택에 가깝다고 볼 수 있어요. 다음에 호랑이나 사자, 표범을 보게 된다면 무섭다, 멋있다에서 한 걸음 더 나아가서 "저 동물이 살아야 숲도 같이 살아남겠구나." 하고 생각해보면, 이들이 전과는 달리 보일 거예요.

곰

신화 속 주인공에서
생태계 조절자까지

단군 신화에는 '곰이 동굴에서 마늘과 쑥만 먹고 100일을 버텨 사람이 되었다.'는 이야기가 나옵니다. 우리 건국 신화에 곰이 등장한다는 건, 옛사람들이 곰을 그냥 무서운 짐승으로만 보지 않고 우리와 이어지는 특별한 존재로 생각했다는 뜻이에요. 실제로 다른 나라에서도 곰은 힘과 용기, 인내를 상징하는 동물로 자주 등장해요. 곰은 이야기 속 상징일 뿐만 아니라, 자연 속에서 아주 중요한 역할을 하는 포유류이기도 해요. 곰과에는 지금 살아 있는 곰이 모두 8종이 있고, 각자 사는 곳과 살아가는 방식이 꽤 달라요.

가장 유명한 곰은 북극곰일 거예요. 북극곰은 바다 얼음 위에서 살면서 물개를 사냥하는 진짜 육식파 곰이에요. 멀리서도 냄새를 잘 맡고 수영도 잘해서, 얼음이 끊긴 바다를 헤엄쳐 사냥터를 찾아가기도 해요. 하얀 털 때문에 눈에 잘 띄지 않지만, 사실 피부는 검은색이라 햇빛을 더 잘 흡수해 체온을 지키는 데 도움이 돼요. 문제는 요즘 지구가 따뜻해지면서 바다 얼음이 줄어들고 있다는 거예요. 얼음이 줄면 물개를 잡기 힘들어지고, 결국 북극곰이 육지로 나오는 일이 많아져서 생존이 점점 어려워지고 있어요.

불곰은 유럽, 러시아, 북아메리카 등 북반구에 넓게 퍼져 사는 큰 곰이에요. 잘 알려진 그리즐리도 불곰의 한 무리라고 생각하면 돼요. 불곰은 고기만 먹는 게 아니라 연어도 먹고, 열매도 먹고, 곤충도 먹는 잡식성이에요.

아메리카흑곰은 북미에 널리 사는데, 이름은 흑곰이지만 털색이 꼭 검은색만 있는 건 아니에요. 갈색이거나 회색이거나, 지역에 따라 아주 밝은 색인 경우도 있어요. 이 곰은 나무를 정말 잘 타고, 숲에서 열매와 견과류를 많이 먹기도 해요. 쓰레기나 먹을거리 냄새 때문에 사람이 사는 마을 근처로 들어오는 문제가 생기기도 해요.

반달가슴곰은 우리나라에도 있는 곰이에요. 가슴에 하얀 초승달 모양이 있어서 이름이 붙었지요. 산림에서 살면서 열매나 식물성 먹이를 좋아하는 편이고, 나무도 잘 타요. 예전에는 우리나라에 더 흔했지만, 밀렵과 서식지 파괴 때문에 거의 사라졌고, 지금은 멸종위기종으로 보호받고 있어요. 그래도 요즘은 지리산을 중심으로 복원 사업이 진행되면서 야생에서 다시 늘어나는 중이라고 하니 꽤나 반가운 소식입니다.

남아메리카 안데스산맥에는 안경곰이 살아요. 눈 주변에 흰 무늬가 있어서 안경을 쓴 것처럼 보여요. 이 곰은 고기보다는 식물성 먹이를 더 많이 먹고, 숲과 산지에서 조용히 살아가는 편이에요. 사람 앞에 잘 나서지 않아서 실제로 보기 어려운 곰이기도 해요. 동남아 열대우림에는 말레이곰이 살아요. 말레이곰은 8종의 곰 중 몸집이 가장 작은 편인데, 대신 나무를 잘 타고 꿀을 좋아해서 꿀을 잘 먹는 곰으로도 알려져 있어요. 혀가 길어서 벌집 속 꿀이나 곤충을 핥아 먹는 데 유리해요. 주로 밤에 활동하는 경우가 많아서 낮에는 숲속에서 쉬는 편이에요.

인도 주변 지역에는 느림보곰이 살아요. 이름 때문에 "느릿느릿한 곰인가?" 싶지만, 이 곰은 개미와 흰개미를 먹는 데 아주 특화돼 있어요. 긴 발톱으로 개미집을 파고, 입으로 강하게 빨아들여 먹이를 쭉 빨아 먹습니다. 느림보곰은 냄새 맡는 능력이 정말 뛰어나요. 자이언트판다는 유명하지요. 예전에는 "곰이 맞나?"라는 이야기도 있었지만, 지금은 곰과에 속하는 종으로 정리되어 있어요. 대나무를 주식으로 삼고, 대부분 혼자 지내는 편이에요. 대나무는 영양이 많지 않아서 판다는 하루 종일 먹는 데 시간을 많이 써요. 판다는 귀엽기만 한 동물이 아니라, 먹이와 환경에 특별하게 적응한 곰이랍니다.

많은 사람이 '곰은 다 겨울잠을 잔다.'라고 생각하지만, 사실 곰마다 다르고 사는 곳의 기후에 따라 달라요. 추운 지역의 곰은 먹이가 줄어드는 계절에 활동을 크게 줄이고 쉬는 경우가 많지만, 모든 곰이 깊게 잠드는 건 아니에요. 판다는 따뜻한 지역에 살고 대나무를 계속 구할 수 있어서 동면을 하지 않는 것으로 알려져 있어요. 또 "곰은 사람을 보면 무조건 공격한다."라는 생각과는 달리 대부분의 곰은 사람을 피하려고 해요. 다만 갑자기 마주치거나, 새끼가 옆에 있거나, 먹이를 지키는 상황이라면 곰도 놀라서 방어 행동을 할 수 있으니 야외에서는 조심해야 해요.

우리나라에서는 반달가슴곰을 자연으로 돌려보내는 노력이 계속되고 있어요. 반달가슴곰이 야생에서 거의 사라질 정도로 줄었지만, 2000년대부터 지리산을 중심으로 복원 사업이 진행되면서 다시 개체가 늘어났어요. 이런 일은 단순히 "곰을 늘리자."가 아니라, 곰이 살 수 있는 숲을 지키고, 야생동물과의 갈등을 줄이도록 관리하는 일까지 포함돼요. 결국 곰은 신화와 캐릭터 속 상징이면서, 먹이그물과 숲의 균형을 유지하는 중요한 동물이에요. 곰이 사는 곳을 지킨다는 건 그 숲에 사는 다른 동물과 식물, 숲이 만들어주는 깨끗한 물과 건강한 환경까지 함께 지킨다는 뜻입니다. 다음에 곰 이야기가 나오면 "저 동물이 살아갈 숲을 우리가 어떻게 함께 지킬 수 있을까?"도 같이 생각해보면 좋겠습니다.

048

발굽 포유류
인류를 도운 듬직하고 튼튼한 발걸음

소, 돼지, 양은 우리 식탁에 자주 오르는 동물이지만, 사실 더 중요한 공통점이 하나 있어요. 바로 발끝에 딱딱한 발굽이 있다는 점이에요. 이렇게 발굽을 가진 포유동물을 유제류라고 부르는데, 발굽은 단단한 각질로 만들어진 발끝 신발 같은 거라고 생각하면 이해가 쉬워요. 유제류는 맛있는 고기를 주는 동물에 그치지 않고, 농사와 운송, 심지어 전쟁까지 인류 문명에 큰 영향을 준 오랜 동반자이기도 해요. 말은 사람을 멀리 데려다주는 교통수단이었고, 소는 쟁기와 달구지를 끌면서 농사일을 도와줬지요.

유제류에게 발굽은 정말 중요한 장점이에요. 몸무게가 꽤 나가도 발굽이 체중을 잘 받쳐주고, 땅을 디딜 때 힘이 한쪽으로 쏠리지 않게 도와줘요. 또 땅과의 마찰이 줄어들어서 오래 걷거나 달리기에도 유리해요. 그래서 초원이나 사바나처럼 넓은 땅에서 이동하며 살아가는 데 잘 맞는 몸이 된 거예요.

유제류는 발굽의 모양과 발가락 수에 따라 크게 두 무리로 나뉘어요. 먼저 기제류는 발굽이 홀수로 있는 동물들이에요. 말, 코뿔소, 맥이 여기에 들어가요. 말은 특히 발끝이 하나의 큰 발굽처럼 보이는데, 이 덕분에 가볍고 빠르게 달리는 데 아주 유리해요. 코뿔소는 발가락이 보통 세 개이고 몸이 크고 무거운데도, 두꺼운 다리와 발굽 덕분에 묵직하게 잘 움직일 수 있어요.

반대로 우제류는 발굽이 짝수로 발달한 동물들이에요. 소, 양, 염소, 돼지, 사슴, 기린 같은 동물들이 여기에 속해요. 우제류는 보통 가운데 두 발가락이 중심이 되어 몸을 받치기 때문에 걷거나 뛸 때 균형이 좋고 안정적이에요. 그리고 우제류 중에는 풀을 아주 잘 소화하도록 몸이 특별히 발달한 동물들도 있어요. 소나 양처럼 되새김질하는 동물은 위가 여러 부분으로 나뉘어 있어서 풀처럼 질긴 식물도 오래 씹고 다시 씹으면서 영양분을 잘 뽑아내요. 그래서 초원에서 풀을 먹고 살아가기에 정말 유리하지요.

유제류에는 우리에게 익숙한 동물들이 많아요. 말은 튼튼한 다리와 발굽 덕분에 빠르게 달릴 수 있고, 무리를 지어 생활하는 습성도 있어요. 소는 농사와 축산에서 중요한 동물이고, 풀을 되새김질해 소화하는 능력이 뛰어나요. 돼지는 잡식성이라 먹이 선택이 넓고 여러 환경에 적응도 잘해요.

기린은 긴 목과 다리로 높은 나뭇잎을 먹는데, 발굽은 소나 사슴과 같은 우제류 방식이라서 긴 다리로도 안정적으로 걸을 수 있어요. 코뿔소는 겉모습이 무섭게 보이지만 대부분 풀을 먹는 초식성이고, 강한 몸과 발굽으로 자기 몸을 지키며 살아가요.

유제류는 자연에서도 중요한 역할을 해요. 풀을 뜯어 먹으면서 식물이 한쪽으로만 너무 우거지지 않게 조절해주고, 돌아다니며 씨앗을 여기저기 퍼뜨리기도 해요. 배설물은 흙을 비옥하게 만들어서 다른 생물들이 사는 데 도움이 되기도 하지요. 그러니까 유제류는 단순히 사람에게 필요한 동물이 아니라, 생태계에서도 꽤 큰일을 하는 동물들이에요.

최근 유제류도 많은 위협을 받고 있어요. 숲과 초원이 개발되면서 살 곳이 줄어들고, 일부 동물은 남획이나 밀렵 때문에 개체 수가 급격히 줄었어요. 특히 코뿔소는 뿔 때문에 밀렵의 표적이 되는 일이 많아서 큰 문제가 되고 있어요. 유제류는 오래전부터 사람과 함께 살아온 동물이니까, 앞으로도 함께 살아가려면 우리가 서식지를 지키고 불법 포획을 막는 노력이 꼭 필요해요.

다음에 동물원이나 TV에서 말이나 사슴, 코뿔소 같은 동물을 보게 되면 "발굽이 어떤 역할을 할까?"를 한번 떠올려보세요. 그냥 발끝이 단단한 게 아니라, 이 동물들이 살아남게 해준 멋진 생존 장치라는 게 보일 거예요.

049

코끼리
우리와 함께해 온 영리한 거인들

아프리카코끼리를 가까이에서 보면 "와, 진짜 크다!"라는 탄성이 절로 나와요. 영상으로 볼 때보다 훨씬 더 압도적으로 느껴지지요. 코끼리는 몸무게가 보통 몇 톤이나 나가는 지구에서 가장 큰 육상동물이고, 냄새를 맡는 능력도 정말 뛰어나서 멀리 있는 물이나 먹이를 잘 찾아냅니다. 덩치만 큰 게 아니라 머리도 좋고 감각도 섬세하다니, 코끼리는 알면 알수록 더 신기하게 느껴지는 동물입니다.

코끼리를 떠올리면 먼저 긴 코가 생각나지요. 코끼리의 코는 사실 코와 윗입술이 합쳐진 기관이랍니다. 숨도 쉬고, 냄새도 맡고, 물도 마시고, 물건도 집고, 소리까지 내는 만능 도구지요. 아프리카코끼리는 코끝에 손가락처럼 생긴 돌기가 두 개 있어서 작은 것도 꽤 섬세하게 집을 수 있고, 아시아코끼리는 돌기가 하나인 경우가 많습니다. 코끼리는 코로 물을 크게 빨아들였다가 입으로 옮겨 마시고, 더울 때는 몸에 물을 끼얹어서 체온을 낮추기도 합니다.

또 하나의 상징은 엄니예요. 엄니는 윗니가 길게 자란 것으로, 나무껍질을 벗기거나 땅을 파서 뿌리를 찾는 데 쓰이고, 싸울 때나 위협을 줄 때도 도움이 돼요. 문제는 사람들이 엄니를 상아로 사고팔면서 코끼리가 오랫동안 밀렵의 표적이 되었다는 데 있어요. 그래서 어떤 지역에서는 아예 엄니가 없는 코끼리가 늘어나는 현상도 관찰되는데, 이는 엄니가 없는 개체가 밀렵을 피해서 더 살아남기 쉬웠기 때문일 가능성이 있다고 해요. 사람의 행동이 동물의 특징 변화에도 영향을 줄 수 있다는 점에서 꽤 생각할 거리가 많지요.

코끼리는 아주 오래전부터 존재해 왔고, 예전에는 매머드처럼 코끼리와 가까운 친척도 있었지만, 시간이 지나면서 대부분 사라지고 지금은 세 종만 남아 있어요. 우리가 흔히 떠올리는 큰 코끼리는 아프리카 사바나에 사는 아프리카사바나코끼리예요. 열대우림에 사는 아프리카숲코끼리는 몸집이 더 작고 엄니도 비교적 곧고 작습니다. 아시아코끼리는 인도와 동남아시아 등지에 살며, 귀가 작은 편이고 엄니가 수컷에게 더 뚜렷하게 나타나는 경우가 많아요. 세 종은 생김새뿐 아니라 사는 환경과 행동도 조금씩 달라요.

코끼리는 사회성이 있어 더 특별합니다. 코끼리는 보통 암컷을 중심으로 가족 무리를 이루어 살고, 새끼를 오랫동안 돌보며 서로 돕는 모습을 보여요. 무리 안에서 관계가 아주 끈끈하고, 위험을 함께 피하거나 길을 함께 기억하기도 해요. 수컷은 어느 정도 자라면 무리에서 떨어져 혼자 지내거나 수컷끼리 느슨하게 어울려 지내는 경우가 많아요. 코끼리가 낮은 소리로 멀리 있는 무리와 신호를 주고받고, 땅의 진동을 느끼며 정보를 얻는다는 연구도 있어서 "큰 몸으로도 이렇게 섬세하게 소통한다고?" 하고 놀라게 됩니다.

코끼리는 자연에서도 큰 역할을 해요. 나무를 밀어 넘어뜨리거나 길을 만들면서 숲과 초지의 모습을 바꾸어요. 물이 있는 곳을 찾고 파헤치면서 다른 동물들이 물을 이용할 기회도 만듭니다. 배설물은 씨앗을 멀리 퍼뜨리는 역할을 해서, 코끼리가 다니는 길 주변에 새로운 식물이 자라기도 해요. 그래서 코끼리를 생태계 공학자라고 부르기도 하지요.

하지만 코끼리도 위험에 처해 있어요. 상아를 노린 밀렵, 서식지 파괴, 사람과 생활 공간이 겹치면서 생기는 갈등이 큰 문제예요. 농작물을 망가뜨리거나 사람이 다치는 일이 생기면, 사람들도 코끼리를 두려워하거나 미워하게 되니까 문제는 더 복잡해져요. 코끼리를 지키려면 사람들이 안전하게 살 방법도 함께 찾아야 해요. 보호구역을 만들고 이동 통로를 연결하거나, 이동을 추적해 대비하는 방법도 쓰여요. 피해 보상이나 코끼리와 덜 충돌하는 농업 방식도 시도되고 있어요.

코끼리는 역사 속에서 인류와 함께 살아온 특별한 존재예요. 우리가 코끼리를 어떻게 대하느냐는 자연을 대하는 우리의 태도를 보여주는 거울과 같습니다. 이 영리한 거인들이 앞으로도 야생에서 당당하게 살아갈 수 있도록, 관심과 책임 있는 보호가 계속 필요합니다.

설치류
앞니의 힘! 평화로운 카피바라부터 댐 짓는 비버까지

남아메리카 강가에 가면, 물 위에 둥둥 떠 있거나 물가에 모여 쉬는 커다란 동물들을 볼 수 있어요. 강아지처럼 보이기도 하는데, 사실은 세상에서 가장 큰 설치류인 카피바라예요. 카피바라는 몸길이가 1미터를 훌쩍 넘고 몸무게도 50킬로그램쯤 나가는 큰 동물인데, 물을 정말 좋아해서 수영도 아주 잘해요. 성격도 온순해서 악어 옆에서 태평하게 쉬거나, 새들이 등에 올라와 깃털을 손질하는 장면이 자연 다큐멘터리에 자주 나오지요.

설치류는 늘 귀엽고 평화로운 존재만은 아니에요. 우리나라에 들어온 뉴트리아처럼 원래 살던 곳이 아닌 지역에 퍼져 생태계를 어지럽히기도 합니다. 뉴트리아는 습지 식물을 마구 먹고 땅을 파서 농지나 제방을 망가뜨려요. 어떤 들쥐류는 병을 옮길 수도 있는데, 등줄쥐 같은 종류는 유행성출혈열을 일으키는 한타바이러스와 관련이 있어요. 그래서 설치류는 사람과 자연에 도움도 주지만, 피해를 주는 경우도 있는 양면적인 동물 무리예요.

설치류는 영어로 로던트Rodent라고도 부르는데, 뜻을 풀면 갉아먹는 동물이라는 의미예요. 왜 그런 이름이 붙었을까요? 설치류는 앞니가 아주 발달해 있고, 그 앞니가 평생 계속 자라요. 그래서 이빨이 너무 길어지지 않게 나무나 열매, 풀줄기 같은 걸 계속 갉아야 해요. 재미있는 점은 설치류의 앞니가 뭔가를 갉으면 갉을수록 더 날카롭게 유지되도록 만들어졌다는 거예요. 마치 스스로 연필깎이를 하면서 이빨을 관리하는 셈이지요.

　설치류에는 우리가 잘 아는 동물이 많아요. 쥐와 생쥐는 사람 주변에서 가장 흔하게 볼 수 있고, 어떤 종은 반려동물로 키우기도 해요. 다람쥐는 공원이나 산에서 쉽게 만날 수 있고, 비버는 나무를 베어 댐을 만들면서 물길을 바꾸는 독특한 행동으로 유명하지요. 기니피그도 반려동물로 인기가 많고, 카피바라는 남미 습지에서 여러 마리가 함께 무리지어 살며 비교적 사람을 잘 무서워하지 않는 편이에요. 설치류는 몸집은 대체로 작지만 매우 재빠르고, 굴을 파거나 나무를 타는 등 환경에 맞춰 살아가는 능력이 좋아요. 번식도 빠른 편이라서, 조건만 맞으면 개체 수가 금방 늘어나기도 해요.

　설치류는 자연에서 맡는 역할도 꽤 중요해요. 많은 설치류는 씨앗을 옮기거나 땅에 묻어두는 습성이 있어서, 결과적으로 숲의 식물이 퍼지는 데 도움을 줘요. 굴을 파면서 흙 속에 공기가 통하게 만들고, 다른 작은 생물들이 숨을 곳을 만들어주기도 하지요. 또 풀이나 식물을 먹으면서 식물이 한쪽으로만 너무 무성해지지 않게 조절하는 역할도 해요. 이런 점 때문에 설치류는 생태계에서 크기는 작지만 영향력이 큰 존재라고 할 수 있어요.

　사람에게도 설치류는 아주 가까운 동물이에요. 어떤 설치류는 농작물에 피해를 주고 병을 옮기기도 해서 관리가 필요하지만, 다른 한편으로는 과학과 의학 발전에 큰 도움을 주기도 해요. 실험용 쥐와 생쥐는 사람과 몸의 작동 방식이 비슷한 점이 있어서, 질병 연구나 약 개발에 많이 쓰입니다. 우리가 쓰는 많은 약과 치료법이 이런 연구를 통해 발전해 왔다고 생각하면, 설치류가 생명을 구하는 조력자가 되기도 하는 셈이지요. 비버처럼 습지를 만들며 다른 생물들이 살 환경을 늘려주는 동물도 있고, 다람쥐처럼 숲을 건강하게 만드는 데 도움을 주는 동물도 있어요.

물론 모든 설치류가 잘 지내는 건 아니에요. 서식지가 사라지거나 사람들이 너무 많이 잡으면서 멸종 위기에 놓인 설치류도 있어요. 특히 어떤 지역에만 사는 고유종들은 환경이 조금만 바뀌어도 큰 타격을 받기 쉽지요. 설치류를 보호한다는 건 단지 쥐 한 종을 지키는 일이 아니라, 그 동물이 연결되어 있는 숲과 습지, 그리고 그 안의 생태계 균형을 함께 지키는 일이기도 해요.

설치류는 어떤 때는 성가신 존재처럼 보이기도 하고, 어떤 때는 귀엽고 사랑스럽게 느껴지기도 해요. 또 어떤 경우에는 사람의 건강과 과학 발전에 꼭 필요한 존재가 되기도 하지요. 이렇게 크든 작든, 설치류는 지구 곳곳에서 자연과 인간의 삶에 깊이 연결되어 살아가는 동물들이에요. 그래서 "왜 저 동물은 저렇게 살까?" 하고 한 번 더 관심을 가지고 바라보는 것이, 자연과 함께 살아가는 첫걸음이 될 수 있습니다.

토끼류

귀여움 속에 숨겨진 놀라운 생존 전략

호주에 유럽 사람들이 본격적으로 정착하던 시기, 이민자들은 고향에서 하던 걸 호주에서도 해보고 싶어 했어요. 그래서 19세기 중반, 일부 이민자들이 사냥놀이를 즐기려고 유럽산 토끼를 호주로 데려왔습니다. 그 선택이 엄청난 문제로 이어졌어요. 호주에는 토끼를 잡아먹을 천적이 거의 없었고, 날씨도 비교적 온화했고 먹이도 풍부했거든요. 토끼로서는 "여기 완전 천국인데?" 싶은 환경이었죠. 결국 토끼 수가 빠르게 불어나서 수천만 마리까지 늘었고, 풀을 심하게 뜯어 먹고 굴을 파면서 초원과 숲이 망가지고, 호주의 생태계가 흔들렸습니다. "천적이 거의 없는 곳"과 "엄청난 번식력"이 만나면 어떤 일이 벌어지는지 보여주는 대표적인 사건이에요.

토끼는 왜 이렇게 번성하기 쉬울까요? 토끼류, 정확히는 토끼·산토끼·우는토끼가 들어 있는 토끼목(Lagomorpha)은 원래부터 살아남기 위해 빠르게 늘어나는 전략을 가진 동물들이에요.

토끼는 새끼를 한 번에 여러 마리 낳을 수 있고, 1년에 여러 번 임신도 가능해요. 자연에서는 토끼가 여우, 맹금류 같은 포식자에게 자주 노려지니까, 개체 수가 쉽게 줄어들 수 있잖아요. 그래서 "많이 낳아서 버틴다."는 방식이 생존에 유리했던 거예요.

몸 구조도 토끼의 생활 방식에 딱 맞게 발달했어요. 토끼는 뒷다리가 길고 근육이 튼튼해서 위급할 때 빠르게 튀어 달릴 수 있고, 귀가 길어서 먼 곳의 소리도 잘 듣습니다. 그리고 앞니가 아주 중요한데요, 토끼의 앞니는 설치류처럼 계속 자라요. 그래서 풀이나 나뭇가지처럼 딱딱한 식물을 계속 씹어도 괜찮고, 오히려 씹어야 이빨이 너무 길어지지 않아요. 또 토끼는 풀처럼 소화하기 어려운 음식을 먹기 때문에, 배 속에 맹장이라는 발효 공간을 잘 활용해요. 쉽게 말하면 배 안에 풀을 더 잘 분해해 에너지를 뽑아내는 공장이 하나 더 있는 느낌이에요. 그래서 영양이 많지 않은 식물만 먹어도 꽤 잘 살아갈 수 있습니다.

토끼류는 전 세계 여러 지역에 퍼져 있고, 우리가 가장 익숙한 종은 반려동물로도 많이 키우는 유럽토끼예요. 북미에는 솜꼬리토끼 같은 종류가 널리 살고, 아시아와 아프리카에도 다양한 토끼와 산토끼가 있어요. 우리나라에는 멧토끼가 살고 있어요. 또 만주토끼나 우는토끼처럼 북쪽 지역에 주로 분포하는 종류도 있다는데, 이런 종들은 북한 쪽에 제한적으로 나타나서 우리나라에서는 보기 어렵다고 알려져 있어요. 그리고 베트남이나 라오스의 산지 숲에는 몸에 줄무늬가 있는 아주 희귀한 토끼도 있는데, 이런 종은 비교적 최근에야 존재가 널리 알려질 정도로 아직 모르는 게 많은 동물이에요. 토끼라고 해서 다 하얗고 둥글둥글한 것만은 아니라는 뜻이지요.

영어권에서는 토끼를 보통 래빗**rabbit**과 헤어**hare**로 구분해요. 우리말로는 보통 래빗을 토끼, 헤어를 산토끼라고 부르는 편이에요. 둘이 비슷해 보여도 생활 방식이 꽤 달라요. 산토끼는 보통 몸집이 더 크고 다리도 더 길어서 달리기가 정말 빠른 편이고, 땅속 굴을 파기보다는 땅 위에 몸을 숨길 자리(얕은 둥지 같은 곳)를 만들어 생활하는 경우가 많아요. 산토끼 새끼는 태어날 때부터 털이 나 있고 눈도 떠서 비교적 바로 움직일 수 있는 상태로 태어나는 편이에요. 반대로 우리가 흔히 떠올리는 토끼(래빗)는 굴을 파서 그 안에서 지내는 경우가 많고, 새끼는 털이 거의 없고 눈도 감긴 상태로 태어나서 한동안 부모의 보호를 많이 받아야 해요. 겉모습은 비슷해도 어디서 살고, 새끼를 어떻게 키우는지가 다르다는 점이 재미있지요.

토끼는 문화 속에서도 자주 등장합니다. 서양에서는 부활절 토끼가 풍요나 다산을 상징하고, 우리나라 이야기인 〈별주부전〉에서는 토끼가 재치로 위기를 넘기는 똑똑한 존재로 나오잖아요. 이런 이미지가 그냥 갑자기 생긴 건 아니고, 실제 토끼가 경계심이 강하고 빠르게 판단해서 도망치는 동물이라는 특징이 이야기

속 상징으로 자연스럽게 이어진 면도 있어요.

마지막으로, 토끼를 지켜야 하는 이유는 귀여워서만은 아니에요. 토끼는 초식동물로서 생태계에서 중요한 먹이사슬의 연결고리 역할을 하고, 식물의 분포나 토양 환경에도 영향을 줍니다. 그런데 어떤 지역의 희귀한 토끼들은 서식지가 사라지거나 기후가 바뀌고, 사람의 활동이 늘어나면서 멸종 위기에 놓이기도 해요. 결국 토끼를 보호한다는 건 토끼 한 종만 챙기는 게 아니라, 그 토끼가 살던 숲과 초원, 그리고 그곳의 생태계 전체를 함께 지키는 일이기도 합니다. 다음에 토끼를 보게 된다면 "귀엽다!"에서 한 발 더 나가서 "이 작은 동물이 자연에서 어떤 역할을 하고 있을까?"를 한번 떠올려보면 좋겠습니다.

고래
사람만 한 심장을 지니고 바다로 간 거대 포유류의 비밀

대왕고래를 실제로 보면, "와…." 하고 말이 안 나올 거예요. 몸길이는 약 30미터로 버스 여러 대를 이어 붙인 것처럼 길고, 무게는 180톤쯤 되는 것으로 알려져 있거든요. 육지에서 제일 큰 동물인 아프리카코끼리보다도 훨씬 무겁고, 지구에 살았던 동물들 중에서 가장 거대한 편에 속해요. 심장도 엄청 커서 사람 몸집만 하고, 한번에 입을 크게 벌려 엄청난 양의 바닷물을 머금었다가 먹이만 거름망처럼 걸러 먹을 수 있어요. 스케일이 다르죠.

고래는 물고기가 아니라 포유류입니다. 우리처럼 폐로 숨을 쉬고, 새끼를 낳아 젖을 먹이지요. 그런데 평생을 바다에서 살기 위해 몸이 완전히 바다 생활용으로 바뀌었어요. 앞다리는 지느러미처럼 변해서 방향을 잡는 데 쓰이고, 뒷다리는 아주 작아져서 겉으로 거의 보이지 않아요. 대신 꼬리 끝이 커다란 지느러미처럼 발달했는데, 꼬리를 위아래로 힘차게 움직여 앞으로 나아갑니다. 몸 전체도 미끄러운 유선형이라 물살을 가르며 빠르게 움직

일 수 있어요. 바닷속은 차가운 곳이 많기 때문에 두꺼운 지방층도 가지고 있어요. 지방은 추위를 막아주는 두꺼운 외투 같은 역할을 하고, 먹이가 부족할 때는 에너지를 꺼내 쓰는 저장고 역할도 합니다. 고래가 먼 거리를 이동하면서도 버틸 수 있는 이유가 여기에 있어요.

잠수 능력도 놀라워요. 물속에 오래 있으려면 산소를 아껴야 하잖아요. 그래서 잠수할 때는 몸이 자동으로 절약 모드에 들어갑니다. 심장 박동이 느려지고, 산소를 꼭 필요한 곳에만 보내면서 버텨요. 대왕고래는 잠수 중에 심장 박동이 아주 느려질 수 있답니다.

고래는 잠을 잘 때도 완전히 푹 자지 못해요. 바다에서는 숨을 쉬려면 수면으로 올라와야 합니다. 그래서 뇌를 왼쪽, 오른쪽 번갈아 쉬게 하면서 반쯤 깨어 있는 상태로 잠을 자요. 덕분에 숨 쉬는 걸 잊지 않고, 주변도 어느 정도 살필 수 있는 거죠.

고래의 이동은 대규모 여행 수준입니다. 대왕고래처럼 큰 고래들은 따뜻한 바다에서 새끼를 낳고 먹이가 풍부한 차가운 바다로 이동해요. 특히 여름철 극지방 바다에서는 크릴 같은 작은 생물이 엄청나게 늘어나서, 집중적으로 먹이를 잔뜩 먹고 지방을 두껍게 저장합니다. 그리고 이동하는 동안에는 먹이를 거의 먹지 않고, 저장해둔 지방으로 버티는 경우가 많아요. 또 재미있는 사실 하나! 고래의 조상은 원래 육지에서 살던 동물과 친척이랍니다. 아주 오래전 물가에 살던 발굽동물 비슷한 조상에서 시작해, 점점 물에 더 잘 맞는 몸으로 바뀌면서 지금의 고래가 되었대요. "바다 동물이 소와 친척일 수도 있다니!" 놀랄 만한 이야기죠.

하지만 고래에게는 위험한 시기도 있었어요. 예전에는 사람들이 고래기름이나 고래고기를 얻으려 고래를 너무 많이 잡았습니다. 그래서 어떤 고래들은 멸종 직전까지 개체 수가 줄어들기도 했어요. 이후 상업 포경, 즉 상업에 이용하기 위해 고래잡이하는 것을 막는 규칙이 생겼습니다. 이 덕분에 조금씩 회복하는 종들도 있지만, 아직 안심할 상황은 아니에요. 바다에 플라스틱 같은 쓰레기가 늘어나고, 배와 부딪히는 사고가 생기거나, 바다 환경이 바뀌는 일도 고래에게는 큰 위협이 될 수 있거든요.

고래는 오랜 시간 동안 사람들에게 특별한 존재로 여겨졌습니다. 일부 문화에서는 신성하게 숭배되기도 했고, 이야기나 소설 속에서는 거대한 바다의 상징으로 등장하기도 했습니다. 현대에는 고래를 단순히 잡는 대상이 아니라 보호하고 관찰하는 대상으로 바라보아야 한다는 인식이 확산되면서, 고래 관찰 여행인 웨일 워칭이 많은 사람에게 큰 인기를 얻고 있습니다. 웨일 워칭을 할 때도 야생 동물에 스트레스를 주지 않으려 거리와 소음, 접촉을 최소화하는 노력을 하고 있어요.

무엇보다 고래는 바다 생태계에서 매우 중요한 역할을 합니다. 바다를 아주 넓게 이동하며 다양한 곳에 영양분을 퍼뜨리고,

먹이사슬과 서식지의 균형을 유지하는 데 큰 기여를 하지요. 따라서 고래를 보호하는 것은 단순히 멋진 동물을 지키는 일을 넘어, 바다 전체의 건강과 생태적 안정성을 지키는 중요한 활동이기도 합니다. 고래의 노래가 앞으로도 바다에서 계속 울려 퍼지려면, 우리가 바다를 더 깨끗하게 쓰고, 고래가 안전하게 살 수 있도록 관심을 가져야겠죠.

인류의 진화
멸종된 네안데르탈인이
우리들 안에 살아 있다?

지금 지구에는 인류가 우리, 호모 사피엔스 한 종만 남아 있어요. 그런데 수백만 년 전에는 인류가 한 종류가 아니라, 여러 종류가 동시에 살고 있었답니다. 마치 큰 나무가 가지를 여기저기 뻗듯이, 인류의 진화도 한 줄로 쭉 이어진 게 아니라 갈라지고, 번성하고, 사라지고, 때로는 다시 섞이는 복잡한 과정이었어요. 그럼 그 긴 이야기를 이해하기 쉽게 한번 정리해볼게요.

아주 오래전, 인류는 지금의 침팬지 같은 유인원과 공통 조상을 공유했어요. 대략 600만 년 전쯤부터 어떤 집단은 침팬지 쪽으로, 어떤 집단은 사람 쪽으로 서로 다른 길을 걷기 시작했다고 봅니다. 사람 쪽으로 이어지는 가지를 보통 호미닌이라고 부르는데, 이 무리에서 가장 눈에 띄는 변화가 바로 두 발로 걷기(직립보행)예요. 숲에서 나무를 타며 살던 조상들이 점점 땅에서 활동하는 시간이 늘면서, 몸이 조금씩 달라진 거죠. 골반 모양이 바뀌고, 다리와 발이 걷기에 더 유리해지고, 치아도 먹는 음식에 맞춰 달라지기 시작했어요.

초기 호미닌 중에는 아르디피테쿠스 같은 존재가 있었어요. 이들은 대략 440만 년 전에 살았다고 알려져 있는데, 땅에서는 두 발로 걷기도 하고 나무도 잘 타는, 말 그대로 중간적인 생활을 했던 것 같아요. 그다음으로 유명한 무리가 오스트랄로피테쿠스예요. 여러분도 들어봤을 '루시'가 여기에 속하죠. 이들은 두 발로 걷는 능력이 더 안정적이었지만, 뇌 크기는 아직 지금 사람보다 훨씬 작았고 턱이 튼튼한 편이었어요.

오스트랄로피테쿠스에서 갈라져 나온 가지 중 하나가 파란트로푸스예요. 이들은 특히 턱과 어금니가 엄청 강한 인류였어요. 질기고 거친 식물을 씹어 먹기에 유리한 몸이었죠. 하지만 이들은 우리로 이어지는 직접 조상이라기보다는, 자기 방식대로 살아가다가 결국 멸종한 곁가지로 보는 편이 많아요. 진화에서는 이런 일이 정말 흔해요. 잘 적응한 것 같아도 환경이 바뀌면 어느 순간 사라질 수 있거든요.

우리와 더 직접적으로 이어지는 쪽은 호모속Homo이에요. 대략 250만 년 전쯤 등장한 것으로 보는데, 이 무리에서부터는 뇌가 점점 커지고, 도구를 쓰는 흔적이 더 뚜렷해집니다. 예를 들어 호모 하빌리스는 "손재주 있는 인간"이라는 뜻인데, 비교적 단순한 돌도구를 만들었던 것으로 알려져 있어요. 그리고 아주 유명한 호모 에렉투스는 몸도 더 크고, 이동 능력도 좋아져서 아프리카를 벗어나 아시아와 유럽까지 퍼진 최초의 인류로 여겨집니다. 불을 사용했을 가능성도 이야기되고, 도구도 더 정교해졌어요.

시간이 더 지나면 호모 하이델베르겐시스 같은 인류가 등장해요. 이들은 아프리카와 유럽 여러 지역에 살았고, 어떤 연구자들은 이들을 현생 인류와 네안데르탈인의 공통 조상에 가까운 존재로 보기도 해요. 그리고 유럽과 서아시아에서 널리 살았던 인류가 바로 네안데르탈인이에요. 네안데르탈인은 단순히 원시인 같은 이미지로 오해받기도 하지만, 실제로는 돌도구를 꽤 잘 만들고, 집단으로 사냥하고, 죽은 이를 묻는 흔적도 남겼어요. 생각보다 훨씬 사람다운 행동을 했던 거죠. 또 한편으로는 호모 플로레시엔시스처럼 섬에 고립되어 작아진 인류도 있었어요. 이런 사례를 보면 인류의 진화가 얼마나 다양했는지 실감이 나죠.

그리고 드디어 우리, 호모 사피엔스가 등장합니다. 현재 연구에서는 사피엔스가 대략 30만 년 전 아프리카에서 나타난 것으로 봐요. 이후 사피엔스는 대략 7만 년 전쯤부터 아프리카 밖으로 퍼져 나가 전 세계에 살게 됩니다. 그런데 여기서 중요한 점이 있어요. 우리가 세계로 퍼져 나갈 때, 이미 그 지역에는 네안데르탈인 같은 다른 인류가 살고 있었거든요. 그래서 인류의 역사는 "우리가 나가서 다 밀어냈다." 같은 단순한 이야기만은 아니었어요. 서로 만나 섞인 일도 있었던 거죠.

실제로 현대인의 유전자에는 그 흔적이 남아 있어요. 많은 유럽인과 아시아인 유전체에는 대략 1~2% 정도의 네안데르탈인 유전자가 섞여 있다고 알려져 있습니다. 또 아시아 일부 지역에서 발견되는 데니소바인이라는 인류의 유전자가, 특히 멜라네시아 지역 사람들(파푸아뉴기니 주변 등)이나 티베트인의 일부 유전적 특징과 관련된 것으로 연구되기도 했어요. 이런 유전적 섞임은 면역 반응이나 고산 적응 같은 데 영향을 줬을 가능성이 있다고 이야기됩니다. 그러니까 우리는 완전히 순수하게 하나의 계통으로 이어진 존재가 아니라, 여러 인류가 만나고 나뉘고 섞이면서 만들어진 결과인 셈이에요.

결국 인류의 진화는 길게 보면, 한 줄로 쭉 이어지는 직선이 아니라 복잡한 지도 같아요. 어떤 가지는 성공적으로 퍼졌고, 어떤 가지는 사라졌고, 어떤 가지는 우리에게 흔적을 남긴 채 섞였죠. 직립보행, 도구 사용, 불의 이용, 언어와 문화 같은 것들은 이 긴 과정에서 조금씩 쌓여 온 능력이에요. 그래서 "인류는 어떻게 생겨났을까?"라는 질문의 답은 한 문장으로 딱 끝나지 않아요. 오히려 그 복잡함 자체가 인류 진화의 진짜 매력이고, 우리가 지금도 '진화의 역사'를 몸 안에 가지고 살아간다는 뜻이기도 하죠.

동물의 독
치명적인 무기이지만
생명을 살릴 수도 있어요

벌에 쏘여본 적 있나요? 저도 벌에 여러 번 쏘인 적이 있는데, 그때의 따끔하고 화끈한 통증이 아직도 기억나요. 그런데 우리가 쏘였다고 말하는 건 사실 벌이 침으로 독을 몸 안에 주입했기 때문에 생기는 일이에요. 짧지만 강렬한 통증 뒤에는, 동물들이 오랜 진화 끝에 만들어낸 정교한 화학 무기가 숨어 있답니다. 동물의 독은 살아남기 위해 발전한 생존 전략이에요.

먼저 용어부터 정리해볼게요. 독을 말할 때 톡신toxin, 포이즌poison, 베놈venom 같은 단어가 나옵니다. 이 세 단어는 비슷해 보여도 뜻이 조금 달라요. 톡신은 생물이 만들어내는 독성 물질을 통틀어 부르는 말이에요. 세균이 만들든, 식물이 만들든, 동물이 만들든 다 포함됩니다. 반면 포이즌은 먹거나 만져서 몸에 들어오면 문제가 생기는 독을 말해요. 예를 들어 어떤 개구리는 피부에 독이 있어서, 포식자가 만지거나 삼키면 위험해지죠. 그리고 우리가 벌에 쏘이거나 뱀에 물릴 때처럼, 침이나 이빨, 가시로 직접 몸 안에 주입하는 독은 베놈이라고 불러요. 벌 독은 바로 여기에 해당합니다.

독은 작동 방식도 여러 가지예요. 어떤 독은 신경을 마비시키고, 어떤 독은 피에 문제를 일으키고, 어떤 독은 살과 세포를 망가뜨립니다. 예를 들어 신경독은 몸의 신호전달을 방해해서 움직이지 못하게 만들어요. 그래서 먹이가 빠르게 도망가도 금방 멈추게 할 수 있죠. 혈액독은 피가 잘 멈추지 않게 하거나 혈관을 손상해서, 붓고 멍들고 심하면 조직이 망가지게 만들 수 있어요. 살모사 같은 뱀에게 물렸을 때 부어오르고 피멍이 생기는 건 이런 작용 때문일 수 있습니다. 세포독은 말 그대로 세포를 망가뜨려서 물린 곳이 심하게 붓거나 아프고, 때에 따라 상처가 오래가기도 해요. 또 어떤 독은 근육에 영향을 주거나 심장에 부담을 주기도 하는데, 현실에서는 한 가지 독만 딱 작동하는 게 아니라 여러 작용이 섞여 나타나는 경우도 꽤 많아요.

그렇다면 동물들은 왜 독을 갖게 됐을까요? 이유는 크게 두 가지예요. 하나는 먹이를 잡기 위해서, 다른 하나는 자기를 지키기 위해서예요. 예를 들어 바다뱀처럼 물속에서 빠른 물고기를 잡아야 하는 동물은, 도망가기 전에 재빨리 마비시키는 독이 유리하겠죠. 반대로 어떤 동물은 "나 건드리면 큰일 나!" 하고 경고하는 용도로 독을 쓰기도 해요. 독이 강할수록 반드시 '나쁜 동물'인 건 아니에요. 독은 그 동물이 처한 환경에서 살아남기 위해 선택한 생존 전략일 뿐입니다.

독을 쓰는 동물은 생각보다 정말 많습니다. 해파리는 촉수에 있는 특수한 세포로 독침을 쏘아서 먹이를 잡거나 자신을 방어해요. 바닷속의 청자고둥은 느릿느릿해 보이지만, 작은 작살 같은 구조로 독을 쏘아 물고기를 마비시키고 먹어버리기도 합니다. 곤충과 거미 같은 절지동물도 독의 달인이에요. 벌과 개미는 침으로 방어하고, 거미와 전갈은 독으로 먹이를 제압하죠. 우리가 벌에 쏘였을 때 붓고 뜨거워지는 건 벌의 독 성분이 몸에서 염증 반응을 크게 일으키기 때문이에요.

물고기 중에도 독이 있는 종이 있어요. 예를 들어 쏠배감펭이라는 물고기의 가시는 독을 지녀서, 실수로 밟거나 만지면 엄청 아프게 만들죠. 양서류는 주입하기 독보다는 주로 몸 표면에 독을 가지고 있는 경우가 많아요. 독화살개구리처럼 피부에 강한 독을 지닌 종은, 잡아먹는 동물에게 큰 위험이 됩니다. 파충류에서는 뱀이 가장 유명하죠. 뱀은 독니로 독을 주입해서 먹이를 빠르게 잡거나, 자신을 지켜요. 포유류는 독이 있는 경우가 드물지만, 예외가 있는데 그중 하나가 오리너구리 수컷이에요. 뒷다리에 독이 있는 발톱이 있어서 경쟁하거나 방어할 때 쓰기도 합니다.

여기서 더 놀라운 이야기가 있어요. 이렇게 위험한 독이 사실은 인간에게 약의 재료가 되기도 한다는 점이에요. 예를 들어 어떤 뱀독 성분을 연구하다가 혈압을 낮추는 약이 개발된 사례가 있어요. 또 청자고등의 독 성분 중에는 아주 강한 통증을 줄이는 성질이 있어서, 특별한 진통제 연구에 쓰이기도 합니다. 전갈 독 단백질이 특정 암세포를 잘 찾아서 붙는 성질이 있어 치료 연구에 활용된다는 이야기도 있고요. 즉, 독은 누군가에겐 무기지만, 과학자들에겐 질병을 치료할 실마리가 될 수도 있는 거예요.

정리하자면, 동물의 독은 단순히 무서운 물질이 아니라 자연이 오랜 시간 동안 만들어낸 정밀한 생존 기술이에요. 어떤 동물은 그걸로 먹이를 잡고, 어떤 동물은 그걸로 자신을 지키죠. 그리고 인간은 그 위험한 물질을 연구해서, 오히려 사람을 살리는 약으로 바꾸기도 합니다. 다음에 벌을 보게 되면 "아, 저건 진화가 만든 화학 무기구나."하고 살짝 떠올려보는 것도 재밌을 거예요.

균류
분해하고 공생하는 생태계의 청소부 이야기

지구에서 가장 큰 생물이 뭐냐고 물으면 대왕고래나 거대한 나무를 떠올릴 거예요. 의외로 정답은 버섯의 몸일 수 있어요. 미국 오리건주의 멀루어 국유림 땅속에는 꿀버섯이라는 균류가 사는데, 이 생물은 버섯이 땅 위에 조금씩만 보일 뿐, 진짜 몸은 땅속에 거대한 그물망처럼 퍼진 균사체예요. 그 범위가 축구장 1,600개 정도나 될 만큼 넓은데, 유전적으로도 한 개체로 볼 수 있다고 합니다. 겉으로는 평범한 버섯처럼 보여도, 땅속에서는 어마어마한 규모로 이어져 있는 거죠.

그러면 곰팡이, 버섯, 효모를 지칭하는 균류는 식물일까요, 동물일까요? 둘 다 아니에요. 균류는 식물처럼 가만히 서 있는 느낌이 나지만 광합성은 못 해요. 대신 균류는 먹이를 몸속으로 씹어 넣는 게 아니라, 몸 밖에서 먼저 녹여서 흡수해요. 쉽게 말해 바깥에서 소화하고 빨아먹는 방식이라고 보면 됩니다. 또 균류의 세포벽은 식물처럼 셀룰로스로 만들어진 게 아니라, 곤충의 외골

격과 같은 성분인 키틴으로 되어 있어요. 이런 특징 덕분에 균류
는 자연에서 분해자 역할을 하기도 하고, 어떤 때는 다른 생물과
공생하기도 하고, 또 어떤 종류는 병을 일으키는 병원체가 되기
도 합니다.

균류는 크게 두 모습으로 떠올리면 이해가 쉬워요. 하나는 효
모처럼 아주 작은 단세포로 사는 종류예요. 맥주효모 같은 효모
는 빵을 부풀리거나 술을 발효시키는 데 쓰이죠. 다른 하나는 우
리가 흔히 곰팡이라고 부르는 다세포 균류예요. 이들은 실처럼
생긴 균사를 길게 뻗어서 자라는데, 여러 균사가 모여 거대한 균
사체를 만듭니다. 그러면 우리가 숲에서 보는 버섯은 뭘까요? 버
섯은 균류의 전체 몸이 아니라, 균사체가 번식을 위해 만들어 올
린 자실체예요. 자실체에서는 포자를 만들어 퍼뜨리면서 번식하
죠. 버섯이 몇 개 보인다고 해서 그게 전부가 아니라는 뜻입니다.
그 아래 땅속에 훨씬 더 큰 균사체가 숨어 있을 수 있거든요. 오리
건주의 거대한 꿀버섯도 바로 이런 경우고요.

균류는 우리 생활에 좋은 점도, 나쁜 점도 함께 줍니다. 어떤
균류는 농작물에 병을 일으켜 큰 피해를 주기도 해요. 예를 들어
균류가 감자에 큰 피해를 준 감자역병은 역사적으로 많은 사람을
굶주리게 했죠. 사람에게도 영향을 주는 균류가 있어요. 면역력
이 약한 사람에게는 칸디다가 감염을 일으킬 수 있고, 아스페르
길루스 같은 곰팡이는 폐에 문제를 만들 수도 있습니다.

균류는 인류를 도와준 고마운 존재이기도 해요. 대표적으로 페니실린은 곰팡이에서 발견된 항생제인데, 수많은 생명을 살렸죠. 또 사이클로스포린 같은 약은 장기이식 같은 치료에 꼭 필요한 면역억제제로 쓰이기도 합니다. 게다가 효모는 연구실에서도 정말 중요한 생물이라서, 유전자나 세포가 어떻게 작동하는지 연구할 때 자주 이용됩니다.

정리하자면, 균류는 눈에 잘 안 띄는 경우가 많지만, 단순히 빵을 부풀리는 미생물 정도가 아니에요. 숲에서는 유기물을 분해해서 자연에서 물질이 순환되게 하고, 때로는 병을 일으키기도 하지만, 또 어떤 때는 약이 되어 사람을 살립니다. 보이지 않는 곳에서 묵묵히 일하는 균류가 사실은 지구 생태계와 우리 삶을 이어주는 숨은 주인공인 셈이죠.

양서류항아리곰팡이
전 세계 양서류를 병들게 한
곰팡이의 습격

2004년, 호주 퀸즐랜드의 열대우림에서 살던 오리너구리개구리가 조용히 멸종했습니다. 이 개구리는 정말 특이하게도, 새끼를 어미의 위 안에서 키워 부화시키는 번식 방법을 가지고 있었어요. 그래서 과학자들도 "이런 생물이 있다니!" 하며 크게 주목했죠. 그런데 이렇게 특별했던 개구리가 사라진 이유로 가장 많이 지목된 게 바로 항아리곰팡이라는 병원균입니다.

항아리곰팡이는 개구리, 두꺼비, 도롱뇽 같은 양서류의 피부에 달라붙어 병을 일으키는 곰팡이예요. 양서류는 우리처럼 피부가 단순히 겉껍질이 아니라, 피부로 물을 흡수하고, 몸속 염분 균형도 조절하고, 숨쉬기에도 이용하는 아주 중요한 기관이거든요. 그런데 항아리곰팡이가 피부를 덮고 파고들면, 피부가 점점 망가지고 벗겨지면서 이런 기능들이 제대로 작동하지 않게 됩니다. 그러면 몸속의 염분 균형이 무너지고, 결국 심장이 제대로 뛰지 못해 죽을 수도 있어요. 감염된 양서류는 피부색이 이상해지거나, 축 처지고 잘 움직이지 않거나, 탈수처럼 보이는 증상을 보이기도 해요.

이 곰팡이가 무서운 이유는 영향 범위가 엄청 넓기 때문이에요. 지금까지 알려진 바로는 전 세계 500종 이상의 양서류가 영향을 받았고, 그중 90종 넘게 멸종했거나 야생에서 사라진 것으로 보고됩니다. 특히 중남미나 호주, 서아프리카 같은 곳에서는 양서류 개체 수가 짧은 시간에 90% 이상 줄어든 사례도 있었어요. 개구리들이 사라지면 곤충이 늘거나, 그 곤충을 먹던 동물이 영향을 받는 식으로 생태계 전체가 흔들릴 수 있습니다.

흥미로운 점도 있어요. 한국을 포함한 동아시아에서는 항아리곰팡이가 발견되긴 하지만, 다른 지역처럼 순식간에 대규모로 멸종하는 일이 비교적 드문 편이라고 알려져 있습니다. 어떤 연구자들은 동아시아 쪽 양서류는 오랜 시간 곰팡이와 함께 지내면서 어느 정도 버티는 방법을 갖추게 됐을지도 모른다는 가능성을 이야기하기도 해요. 하지만 그렇다고 안심하면 안 됩니다. 우리 지역에서 큰 피해가 없더라도, 여기서 다른 나라로 곰팡이가 옮겨가면 그곳의 양서류에게는 큰 재앙이 될 수 있고, 반대로 더 위험한 변종이 우리나라로 들어오면 국내 양서류도 심각한 피해를 입을 수 있거든요. 그래서 검역과 감시가 중요해요. 야생동물을 거래하거나 해외에서 생물을 들여오거나, 생태계를 복원한다고 다른 지역 개체를 옮길 때는 겉보기엔 멀쩡해 보여도 병원균을 옮길 수 있으니, 감염 여부를 꼼꼼히 확인해야 합니다. 또 우리 주변에 있는 항아리곰팡이도 그냥 있는 줄만 알고 끝낼 게 아니라, 유전자 분석 같은 방법을 이용해 어떤 종류인지 살피고, 병원성이 강해지는 변화가 있는지 주기적으로 살펴봐야 해요.

결국 항아리곰팡이 이야기는 눈에 잘 안 보이는 미생물이 얼마나 큰 영향을 줄 수 있는지를 보여주는 사례예요. 개구리 한 종을 지키는 문제를 넘어서, 생태계 건강 전체를 지키는 문제이기도 하고요. 우리 곁의 양서류가 앞으로도 계속 살아가려면, 이런 보이지 않는 위협을 미리 막는 노력이 정말 중요합니다.

자낭균류
귀한 버섯 트러플이
곰팡이의 친척이라고요?

유럽의 가을 숲에서는 훈련받은 돼지가 코를 킁킁거리며 땅속을 뒤지는 진풍경이 펼쳐집니다. 바로 '땅속의 다이아몬드'라 불리는 귀한 버섯, 트러플truffle을 찾기 위해서예요. 겉보기엔 흙 묻은 혹처럼 보이지만, 한 번 맡으면 잊기 힘든 향으로 사람들을 사로잡는 트러플은 땅속에서 자라는 특별한 균류예요. 트러플은 우리가 흔히 보는 갓 달린 버섯과는 모양이 좀 다르지만, 같은 균류 세계에 속해 있고 그중에서도 자낭균류라는 큰 무리에 들어갑니다.

자낭균류는 곰팡이 무리 중에서도 가장 규모가 큰 편이에요. 지금까지 이름이 붙어 기록된 종만 해도 7만 종이 넘고, 실제로는 훨씬 더 많을 거로 추정합니다. 자낭균류가 이런 이름을 갖게 된 이유는, 자낭이라는 작은 주머니 같은 구조에서 포자를 만들기 때문이에요. 쉽게 말해 씨앗 같은 포자를 주머니 속에서 만들어 퍼뜨리는 곰팡이라고 생각하면 됩니다. 보통 그 주머니 안에 포자가 여러 개(흔히 8개) 들어 있어요.

　자낭균류는 번식 방법도 꽤 흥미롭습니다. 어떤 때는 무성생식을 해서 빠르게 퍼져요. 이때는 분생포자 같은 포자를 만들어 바람이나 물, 동물의 몸에 붙어서 넓게 번질 수 있죠. 또 어떤 때는 유성생식을 하는데, 이때는 서로 다른 균들이 만나 짝을 이뤘다가 나중에 진짜로 섞이는 과정을 거칩니다. 그리고 마지막에는 새로운 포자들이 만들어져서 다시 퍼져 나가요. 이 과정이 조금 복잡하긴 하지만, 핵심은 상황에 따라 빨리 퍼지기도 하고, 유전적으로 섞여서 새로운 조합을 만들기도 한다는 거예요.

　자낭균류는 생김새도 정말 다양합니다. 숲에서 컵 모양으로 생긴 주발버섯이 자라기도 하고, 봄에 나오는 곰보버섯은 스펀지처럼 울퉁불퉁한 모습이라 한눈에 알아볼 수 있어요. 그리고 트러플은 아예 땅속에서 자라서 사람들이 돼지나 개의 후각을 빌려 찾기도 하죠. 트러플이 비싼 이유 중 하나는 이런 숨바꼭질 같은 채집 방법 때문이기도 해요.

　자낭균류는 자연에서 아주 중요한 일을 합니다. 어떤 종은 나무뿌리와 손잡고 균근(균뿌리)이라는 관계를 만들어서, 나무가 물과 영양분을 더 잘 흡수하도록 도와줘요. 대신 균류는 나무가 만든 당을 얻어먹습니다. 서로 윈윈인 거죠. 또 어떤 자낭균류는 죽은 나뭇잎이나 동물의 사체 같은 유기물을 분해해서 자연으로 다시 돌려보내는 역할도 합니다. 물론 식물에 병을 일으키는 나쁜 곰팡이도 있긴 하지만, 많은 자낭균류는 자연 속에서 꼭 필요한 일을 하는 보이지 않는 일꾼이에요.

자낭균류는 우리 생활과도 정말 가깝습니다. 빵을 부풀리고 맥주를 만드는 데 쓰는 효모도 자낭균류거든요. 효모는 아주 작은 단세포 생물이지만, 과학자들이 세포가 어떻게 살아가는지 연구할 때도 자주 쓰는 중요한 모델 생물이에요.

자낭균류는 트러플 같은 고급 식재료부터 빵과 술을 만드는 효모까지, 정말 폭이 넓은 균류 무리예요. 눈에 잘 보이지 않는 곳에서 자연을 굴러가게 만들고, 우리 식탁과 과학 발전에도 도움을 주는 존재들이죠. 자낭균류를 조금만 알고 나면, 곰팡이가 단순히 지저분한 게 아니라 자연을 움직이는 신기한 주인공이라는 사실이 더 잘 보일 거예요.

담자균류
먹거리가 되고 숲을 청소하는 마법사 이야기

송이, 팽이, 느타리버섯처럼 우리가 자주 먹는 버섯들은 대부분 담자균류라는 무리에 속해요. 숲에서 우산처럼 갓이 펼쳐진 버섯을 본 적 있죠? 그 갓과 자루가 바로 담자균류에서 흔히 볼 수 있는 모습이에요. 재미있는 사실이 하나 있어요. 우리가 버섯이라고 부르는 건 사실 이 생물의 전부가 아니라, 포자를 퍼뜨리기 위해 잠깐 나타나는 생식기관에 가까워요. 진짜 몸은 땅속이나 나무 속에 실처럼 퍼져 있는 균사 형태로 훨씬 오래 살아갑니다. 종류도 정말 많아요. 알려진 종만 해도 3만 종 이상이고, 아직 발견되지 않은 것까지 생각하면 많답니다. 그 역할도 다양해요. 어떤 담자균류는 우리가 먹는 식용버섯이 되고, 어떤 종은 숲에서 죽은 나무를 분해해서 자연으로 되돌려 보내는 분해자가 되죠. 반대로 농작물에 병을 일으켜 골치 아픈 존재가 되기도 합니다.

담자균류는 땅속에서 먼저 가느다란 실 같은 균사로 자라요. 그러다가 서로 다른 균사가 만나면 한동안 함께 살아가는 특별한 상태가 되는데, 이 상태가 꽤 오래 이어질 수 있어요. 비가 오거나 온도, 습도 등 조건이 맞으면 우리가 아는 버섯인 자실체를 쑥 만들어내요. 버섯 아랫면을 자세히 보면 주름처럼 줄이 있거나 작은 구멍들이 촘촘하게 있습니다. 여기가 바로 포자를 만드는 곳이에요. 이후 포자가 바람을 타고 퍼지면 새로운 곳에서 다시 균사가 자라기 시작합니다. 즉, 버섯은 잠깐 등장해서 포자를 뿌리고 사라지는 무대 같은 존재인 셈이에요.

담자균류는 우리 생활과도 가깝습니다. 송이는 향이 좋아서 고급 식재료로 유명하고, 느타리나 팽이는 대량으로 재배돼서 쉽게 살 수 있죠. 버섯은 대체로 지방이 적고 단백질이 있어서 건강식으로 이용돼요. 영지버섯처럼 약용으로 알려진 버섯들은 어떤 효과가 있는지 연구가 계속되고 있습니다. 어떤 담자균류는 죽은 나무를 분해하며 숲을 청소합니다. 이는 자연에서 꼭 필요한 일이지만, 나무 건물이나 가구에 붙으면 목재가 약해집니다. 또 녹병균이나 깜부기병균처럼 농작물에 병을 일으키는 담자균류는 농업에 큰 피해를 주기도 해요. 담자균류는 먹거리이자 자연을 굴러가게 만들기도 하고, 때로는 골칫거리가 돼요. 숲에서 버섯을 보면 "저 아래 어딘가에 진짜 몸이 숨어 있겠구나." 하고 떠올려보세요. 자연이 훨씬 더 신기하게 느껴질 거예요.

균류의 이용

이들이 없으면 지구는 쓰레기통이 될지도 몰라요!

지구에서 버섯, 곰팡이, 효모 등의 균류가 갑자기 사라진다면 어떻게 될까요? 아마 세상은 금방 엉망이 될 거예요. 떨어진 나뭇잎, 죽은 동물, 각종 쓰레기가 잘 썩지 않고 계속 쌓이기 때문이죠. 균류는 자연에서 분해자, 쉽게 말해 청소부 역할을 합니다. 죽은 생물을 잘게 분해해서 탄소, 질소, 인 같은 영양분을 다시 흙과 식물에게 돌려주는 일을 해요. 이 흐름이 멈추면 흙은 점점 힘을 잃고, 식물도 잘 자라지 못해서 생태계가 전체적으로 흔들릴 수 있습니다.

균류는 자연에서만 중요한 게 아니에요. 사실 우리 일상에서도 균류는 여기저기 숨어서 큰 일을 하고 있어요. 가장 익숙한 예가 효모입니다. 효모는 아주 작은 세포 하나로 이루어진 생물인데, 설탕을 먹고 이산화탄소와 알코올을 만들어요. 그래서 빵 반죽이 부풀고, 맥주나 포도주 같은 술도 만들 수 있죠. 옛날부터 사람들이 빵과 술을 만들 때 효모를 써 왔고, 요즘은 이것을 이용해 바이오연료를 만들거나, 의약품을 만드는 연구에도 활용합니다. 특히 효모는 생물 실험에서 자주 쓰이는 존재라서, 세포가 어떻게 자라고 변하는지 연구할 때 큰 도움이 돼요.

우리나라 음식과도 균류는 아주 가까워요. 된장, 간장, 고추장, 청주 같은 발효식품에는 누룩곰팡이가 중요한 역할을 합니다. 누룩곰팡이는 곡물 속에 들어가서 녹말과 단백질을 잘게 분해하는 효소를 만들어내는데, 이 덕분에 음식에서 깊은 맛과 향이 생겨요. 쉽게 말해 누룩곰팡이는 맛을 만들어주는 숨은 요리사 같은 존재입니다.

균류는 의학에서도 엄청난 일을 했어요. 대표적인 것이 페니실린이라는 항생제입니다. 한 과학자가 곰팡이가 세균을 못 자라게 하는 걸 보고 힌트를 얻어서, 인류 최초의 항생제 개발로 이어졌죠. 그 뒤로도 균류에서 얻은 성분으로 장기이식 때 필요한 면역억제제 같은 중요한 약들이 만들어졌고, 지금도 새로운 약 성분을 찾는 연구가 계속되고 있어요.

조금 특별한 균류 친구로는 지의류가 있어요. 지의류는 균류가 혼자 사는 게 아니라, 광합성을 하는 조류(또는 남세균)와 함께 사는 콤비예요. 그래서 나무껍질이나 바위 위처럼 힘든 곳에서도 살아남을 수 있죠. 지의류는 공기가 깨끗한지 오염됐는지 알려주는 환경 지표로도 쓰이고, 어떤 건 염료나 향료처럼 생활에 쓰이기도 합니다.

　　균류는 식물과도 아주 친해요. 균근(균뿌리)이라고 해서, 균류가 식물 뿌리와 손을 잡고 서로 돕는 관계가 있거든요. 균류는 식물에게 물과 무기질을 잘 가져다주고, 식물은 균류에게 영양분을 나눠줘요. 육상 식물의 대부분이 이런 도움을 받는다고 알려져 있어요. 우리가 좋아하는 송이도 사실 소나무와 이런 관계가 있어야만 자랄 수 있어서, 아무 데서나 키우기 어려운 버섯이랍니다.

　　균류는 자연에서 영양분을 돌려주는 청소부이고, 우리 식탁에서는 발효를 돕는 요리사이며, 의학에서는 생명을 살리는 약의 출발점이기도 해요. 눈에 잘 안 보일 뿐이지, 균류는 우리 삶을 떠받치는 정말 중요한 친구들이랍니다.

면역력이 약해질 때 찾아오는 불청객을 조심해요!

물, 공기, 흙은 물론이고 우리 피부 위에도 곰팡이와 효모 같은 균류가 살고 있어요. 균류는 자연에서는 낙엽이나 죽은 생물을 분해해서 영양분을 다시 돌려주는 청소부 역할을 하지만, 어떤 종류는 사람이나 동식물에 병을 일으키기도 합니다.

그럼 사람에게 병을 일으키는 균류는 어떤 특징이 있을까요? 먼저 우리 몸처럼 따뜻한 곳에서도 살아남을 수 있어야 해요. 어떤 균은 밖에서는 곰팡이 모습으로 살다가, 몸 안에 들어오면 효모처럼 바꾸는 능력이 있는데, 이런 걸 환경에 맞춰 변신한다는 정도로 생각하면 돼요. 또 우리 몸에 들어오려면 조직을 녹이는 효소를 만들거나, 면역세포의 공격을 피하려고 보호막을 두르기도 해요. 그래서 몸이 약해졌을 때 틈을 타서 감염을 일으키는 경우가 많은데, 이런 걸 기회감염이라고 부릅니다. 평소엔 괜찮다가 면역력이 떨어지면 문제가 되는 거죠.

의학에서는 곰팡이 감염을 사람 몸에 얼마나 깊이 침투했는지에 따라 나눠서 봅니다. 가장 가벼운 건 피부의 겉면이나 머리카락, 손톱 같은 표면에만 생기는 감염이에요. 조금 더 들어가서 피부의 각질층이나 손발톱, 두피 쪽에 생기는 감염은 우리가 흔히 아는 무좀이나 손톱 곰팡이 같은 것들이고요. 더 깊게는 피부 아래 조직까지 퍼지기도 하는데, 이건 보통 상처를 통해 곰팡이가 들어가서 오래 지속되기도 합니다. 또 공기 중 포자를 들이마셔서 폐로 들어간 다음, 몸속 장기까지 퍼지면 전신 감염이 될 수 있어요. 마지막으로 아까 말한 것처럼, 면역이 약한 사람에게 특히 위험한 감염이 기회감염입니다. 예를 들어, 어루러기는 피부에 얼룩처럼 밝거나 어두운 반점이 생기는 병인데, 피부 기름을 좋아하는 균이 원인이 될 수 있어요. 무좀은 습하고 따뜻한 환경을 좋아하는 곰팡이가 발에 잘 자라면서 생기고, 가려움, 피부가 벗겨짐, 갈라짐 같은 증상이 나타나기도 합니다. 몸속 깊이 들어가는 균 중에는 폐로 들어간 뒤 뇌까지 퍼져서 뇌수막염 같은 심각한 병을 일으키는 때도 있는데, 이런 건 특히 면역이 약한 사람에게 위험할 수 있어요. 또 칸디다라는 균은 입안이나 생식기 쪽에 염증을 만들기도 하고, 몸이 많이 약해졌을 때는 더 큰 감염으로 이어질 수도 있어요.

다행히 곰팡이 감염은 항진균제(곰팡이 치료 약)로 치료할 수 있어요. 피부에만 생긴 감염은 보통 연고나 크림을 바르면 좋아지는 경우가 많고, 몸속으로 퍼진 감염은 먹는 약이나 주사 치료가 필요할 수도 있습니다. 다만 요즘은 약이 잘 듣지 않는 내성균도 늘고 있어서, 증상이 심하거나 오래 가면 빨리 진단받는 게 중요해요.

예방은 생각보다 간단한 편이에요. 곰팡이는 습하고 따뜻한 곳을 좋아하니까, 손발을 깨끗하게 씻고 잘 말리는 것이 제일 중요해요. 땀이 많이 났다면 양말을 갈아 신거나, 통풍이 잘되는 신발을 신는 것도 도움이 됩니다. 면역력이 약한 사람은 먼지 많은 곳이나 곰팡이 긴 곳 등과 같이 곰팡이가 많은 환경을 가능하면 피하고, 병원에서도 면역이 약한 환자들은 감염 관리에 더 신경을 써야 합니다.

균류는 자연에서는 꼭 필요한 존재지만, 때로는 사람에게 병을 만들기도 하는 양면적인 생물이에요. 그래도 기본 위생을 잘 지키고, 이상 신호가 있으면 일찍 치료하면 대부분 잘 관리할 수 있으니 너무 겁먹을 필요는 없어요.

061

식물
지구의 에너지 공장,
생태계를 지탱하는 초록 영웅

생태계에서의 큰 순환은 늘 식물에서 시작됩니다. 식물은 햇빛을 받아 그 에너지를 이용해 화학 에너지로 바꾸는 광합성을 해요. 자신의 몸을 만들고 자라는 데 쓰는 화학 에너지로 바꾸어내는 거예요. 이 과정에서 식물은 이산화탄소와 물로 유기물을 만들고 산소를 내보냅니다. 덕분에 지구 대기에는 산소가 많아졌고 동물이나 균류, 미생물 같은 다른 생물도 숨 쉬며 살 수 있게 되었죠. 결국 우리를 포함한 거의 모든 생물은 식물이 만든 먹이와 산소에 기대어 살아가는 셈이죠. 그래서 식물은 먹이사슬과 물질순환의 출발점이라고 할 수 있어요. 광합성은 크게 두 단계로 이루어져 있습니다. 먼저 빛이 직접 필요한 단계인 명반응이 있어요. 명반응은 식물 엽록체 안의 틸라코이드에서 일어나요. 엽록소가 빛을 흡수하면 전자가 튀어나와 일정한 경로를 따라 이동합니다. 이 과정에서 식물은 ATP라는 에너지 저장 물질을 만들고, 나중에 당을 만드는 데 쓰이는 NADPH를 만듭니다. ATP가 광합성에 필요한 에너지를 공급하는 배터리라면, NADPH는 이산화탄소라는 광합성에 필요한 재료를 옮겨주는 배달원이라고 볼 수 있어요. 이 과정에서 물이 쪼개지면서 산소가 생겨 밖으로 방출돼요. 우리가 숨 쉬는 산소가 바로 이 과정에서 나옵니다.

다음은 빛이 직접 필요하지 않은 단계로, 탄소고정반응 또는 캘빈회로라고 불려요. 이 단계는 엽록체의 스트로마에서 일어나요. 명반응에서 만든 ATP와 NADPH를 이용해 이산화탄소를 당으로 바꿉니다. 이렇게 만들어진 당은 식물이 살아가는 데 쓰이거나 저장되고, 이후 다른 생물의 먹이가 됩니다.

우리가 보통 '식물'이라고 부르는 것은 육지에 적응한 다세포 광합성 생물을 말해요. 이끼류, 양치식물, 종자식물이 여기에 속합니다. 이들은 수정으로 생긴 배아를 어미식물이 어느 정도 보호해주기 때문에 물이 부족한 육지 환경에서도 살아갈 수 있었어요. 한편 바다에 사는 갈조류나 홍조류도 광합성을 하지만 오늘날에는 육상 식물과는 다른 갈래로 분류합니다.

과학자들은 현대 식물이 오래전 조류에서 진화했다고 봅니다. 특히 녹조류의 일부 무리가 식물의 조상과 아주 가깝다고 여겨져요. 이들은 담수에 살고 세포벽이 셀룰로스로 되어 있으며, 엽록소 종류나 세포분열 방식도 식물과 비슷합니다. 하지만 수억 년 전, 이 조상들 가운데 일부가 물을 떠나 육지로 올라오면서 큰 어려움을 겪게 됩니다. 육지는 쉽게 마르고, 자외선이 강하며, 중력 때문에 몸을 지탱하기도 힘든 환경이었거든요. 이런 조건에서 살아남기 위해 식물은 여러 적응을 해나갔습니다. 몸을 덮는 큐티클이라는 보호막을 만들어 수분 손실을 줄이고, 기공을 발달시켜 숨 쉬듯 기체 교환을 조절했어요. 또 물과 양분을 운반하고 몸을 지탱하는 물관 조직도 점점 발달했습니다. 이렇게 적응하면서 식물은 다양한 무리로 나뉘어 발전했어요. 물관 조직이 거의 없어 키가 작고 습한 곳에 사는 이끼류, 물관이 발달해 더 크게 자라는 양치식물이 나타났습니다. 양치식물은 주로 포자로 번식해요. 이후 씨앗을 만들어 건조한 환경에서도 잘 퍼질 수 있는 종자식물이 차례로 등장합니다. 종자식물은 오늘날 지구에서 가장 번성한 식물 무리가 되었죠.

식물은 생태계뿐 아니라 인간 문명에도 큰 영향을 주었습니다. 우리가 먹는 곡식과 과일, 채소는 물론, 집을 짓는 목재와 옷을 만드는 섬유도 식물에서 얻어요. 약이나 바이오연료 같은 자원도 마찬가지입니다. 도시의 숲은 공기를 깨끗하게 하고 더위를 줄이며, 사람들의 마음을 안정시키는 역할도 합니다. 그래서 식물을 이해하는 일은 단순히 생물을 공부하는 게 아니라, 지구 생명의 뿌리와 우리 삶의 기반을 이해하는 일이라고 할 수 있어요. 결국 우리가 계속 살아가려면, 식물을 더 잘 알고 지켜야 합니다.

#교과 #식물과_에너지 #광합성 #식물의_에너지_사용과_저장 #생물의_구성과_다양성

062

식물의 구조
거대 나무를 짊어지는 설계의 비밀!

미국 캘리포니아 시에라네바다 산맥에는 자이언트 세쿼이아라는 아주 큰 나무가 자라요. 어떤 나무는 지름이 10미터, 높이가 80미터를 넘습니다. 이렇게 거대한 나무가 수천 년 동안 쓰러지지 않고 하늘 높이 자랄 수 있는 비결은 식물 몸속에 있는 물관 덕분이에요. 물관은 뿌리에서 흡수한 물과 무기질을 꼭대기 잎까지 올려 보내고, 리그닌이라는 단단한 성분으로 나무의 몸을 기둥처럼 지탱해줍니다. 식물은 움직일 수 없지만, 몸 안에 배관이자 뼈대 같은 구조를 진화시켜 하늘과 땅을 연결하는 거대한 몸을 만들었어요.

꽃이 피는 식물을 꽃식물 또는 속씨식물이라고 부릅니다. 속씨식물이라는 이름은 종자인 씨앗이 씨방 속에 들어 있기 때문이에요. 속씨식물의 몸은 크게 세 가지 조직으로 이루어져 있습니다. 먼저, 표피조직은 식물의 겉을 감싸는 보호막 역할을 하며, 병원균의 침입을 막고 물이 너무 많이 증발되지 않도록 돕습니다. 잎의 표피에는 기공이라는 작은 구멍이 있어, 기공을 통해 이산화탄소를 들이고 산소를 내보내는 기체 교환도 이뤄져요. 기본조직은 식물 몸에서 가장 많은 부분을 차지합니다. 잎에서는 광합성이 일어나고, 줄기와 뿌리에서는 양분을 저장해요. 즉, 식물의 기본조직은 식물의 작업장이자 창고, 그리고 기둥 같은 곳이에요. 마지막으로 관다발조직은 식물 몸속의 '길'입니다. 여기에는 물관과 체관이 들어 있어요. 물관은 뿌리에서 올라오는 물과 무기질을 위로 보내고, 체관은 잎에서 광합성으로 만든 영양분을 줄기, 뿌리, 열매 같은 다른 부분으로 옮깁니다. 물관은 물 배달, 체관은 영양분 배달을 맡은 셈이죠. 또한, 물관은 앞서 얘기한 것처럼 식물의 몸을 지탱하는 지지대 역할을 합니다.

식물은 아무 데서나 계속 자라는 게 아니라 분열조직이라는 특정 부위에서 자랍니다. 뿌리끝과 줄기끝에는 길이를 늘리는 분열조직이 있어서 식물이 위아래로 쭉쭉 자랄 수 있어요. 이것을 1기 생장이라고 합니다. 나무처럼 굵어지는 식물은 줄기 안쪽에 옆으로 자라게 하는 분열조직이 있어서 몸통을 두껍게 만드는데, 이를 2기 생장이라고 합니다. 나무의 나이테는 해마다 반복된 2기 생장의 흔적이에요. 식물의 주요 기관인 뿌리, 줄기, 잎도 각자 역할이 뚜렷합니다. 뿌리는 땅속에서 몸을 고정하고 물을 흡수하며, 줄기는 그 물을 잎으로 보내는 통로이자, 잎과 꽃을 받쳐주는 기둥이에요. 잎은 광합성을 하는 에너지 공장으로, 잎 뒤의 기공과 잎 속의 잎맥을 통해 기체와 물, 영양분이 이동합니다.

식물에 정말 중요한 기관이 하나 더 있어요. 바로 꽃입니다. 속씨식물에서 꽃은 생식기관, 즉 새 생명을 만드는 곳입니다. 꽃은 보통 꽃받침, 꽃잎, 수술, 암술로 이루어져 있어요. 수술은 꽃가루를 만들고 꽃가루 안에는 식물의 정자세포가 들어 있습니다. 암술은 꽃가루를 받아들여 수정이 일어나는 곳이에요. 꽃가루가 암술머리에 붙는 걸 수분이라고 합니다. 수분이 되면 꽃가루에서 꽃가루관이 자라나 씨방 쪽으로 내려가고, 그 안에서 정자세포와 난자가 만나 수정이 일어납니다. 수정이 끝나면 놀라운 변화가 시작돼요. 씨방은 열매가 되고, 그 안의 난자는 씨앗이 됩니다. 씨앗 안에는 발아해 새 식물이 될 배아가 들어 있고, 처음 자랄 때 필요한 영양분도 저장되어 있어요. 씨앗은 물과 온도 같은 조건이 맞으면 발아해서 새 식물이 되고, 열매는 씨앗을 보호하고 있다가 동물이나 바람, 물을 이용해 씨앗이 퍼지도록 돕습니다.

식물은 아무것도 하지 않고 가만히 서 있는 존재처럼 보이지만, 몸속은 정교한 시스템으로 가득합니다. 거대한 나무부터 길가의 작은 풀까지, 식물의 구조는 수억 년 동안 쌓인 오랜 진화의 결과예요. 이를 이해하는 것은 지구 생태계를 떠받치는 기본 설계를 이해하는 일과 같습니다.

#교과 #식물과_에너지 #광합성 #식물의_에너지_사용과_저장 #생물의_구성과_다양성

이끼류
초록빛으로 숲을 뒤덮고
극지방에서도 살아남아요

숲속 그늘진 바위나 나무 밑동을 자세히 보면 작은 이끼가 촘촘히 깔려 있습니다. 작고 부드러워 보여서 약할 것 같지만 이끼는 생각보다 훨씬 강한 생명체예요. 어떤 이끼는 극지방의 얼음 근처에 살며, 또 다른 이끼는 알프스나 히말라야처럼 해발 4,000미터가 넘는 고산지대에서도 초록 카펫처럼 자랍니다. 도대체 이끼는 어떻게 이런 환경에서 버틸 수 있을까요?

이끼가 강한 가장 큰 이유는 몸 구조가 다른 식물과 다르기 때문이에요. 식물은 대개 뿌리로 물을 빨아올리고 물관·체관을 이용해 물과 양분을 옮기지만, 이끼는 물관과 체관이 거의 없거나 단순해요. 그래서 땅속 깊이 뿌리를 내릴 필요가 없죠. 대신 몸 표면 전체로 물을 직접 흡수합니다. 비가 오거나 안개가 끼면 바로 물을 빨아들이고, 건조해지면 몸을 말린 채 거의 잠든 상태로 버텼다가 다시 물이 생기면 되살아나듯 빠르게 회복해요. 덕분에 얼었다 녹기를 반복하는 곳이나 흙이 척박한 환경에서도 잘 살아남을 수 있어요.

이끼류의 생활사(한살이) 또한 다른 식물과 구별되는 독특한 특징입니다. 우리가 흔히 보는 부드러운 초록색인 이끼 몸은 배우체라는 세대예요. 일반 식물과 달리 이끼는 배우체가 생활사의 대부분을 차지합니다. 스스로 광합성하며 양분을 만들고 독립적으로 생존합니다. 배우체 위에 솟아오른 가느다란 막대 모양의 구조물은 포자체입니다. 포자체는 배우체에 붙어 양분을 받아먹으며 끝에서 포자를 만들어 퍼뜨려요. 포자는 바람이나 물을 타고 이동해 새로운 이끼로 자랍니다. 이끼가 수정하려면 물이 꼭 필요합니다. 정자가 물을 통해 난자에 도달해야 하기 때문이지요. 그래서 이끼는 숲속 그늘진 바위 표면이나 나무 밑동, 습지처럼 습기가 많은 곳에서 특히 잘 자랍니다.

이끼는 크게 선류, 태류, 뿔이끼류로 나뉘어요. 우리가 흔히 보는 것은 선류이고, 그중 물이끼는 습지에 쌓여 이탄을 만들기도 합니다. 태류는 몸이 납작해서 바닥에 착 붙어 퍼지듯 보이고, 뿔이끼류(각태류)는 포자체가 뿔처럼 길게 자라는 특징이 있어요.

이끼는 생태계에서 중요한 역할을 하며 인류에게도 도움을 줍니다. 이끼는 중금속이나 산성비, 오염물질에 예민하게 반응해요. 그래서 공기나 환경이 얼마나 깨끗한지 알려주는 지표생물로 활용됩니다. 도시나 공업 지역의 대기질을 분석할 때 이끼 상태를 조사하기도 하지요. 물이끼는 죽어서 이탄을 형성하는데, 이탄은 물을 잘 머금는 성질이 있어요. 그래서 비료나 원예용 토양 개량재로 쓰입니다. 이탄은 산성 환경을 조성하기 때문에 방부제 역할도 해요. 과거에는 천연 방부제 성분을 이용해 상처를 싸매 보호하는 용도로 쓰이기도 했습니다.

작고 눈에 띄지 않지만, 늘 주변에 머물며 숲 그늘, 얼음 가까이, 높은 산에서도 조용히 초록빛으로 자리를 지킵니다. 작은 몸에 환경 변화를 기록하는 이끼는 생태계를 지키는 파수꾼이랍니다.

064

양치식물
지구 최초의 숲을 만들며
수억 년의 시간을 견뎌왔어요

우리가 지금 쓰는 석탄은 아주 먼 옛날, 수억 년 전 살던 거대한 양치식물이 변해서 만들어졌어요. 약 3억 5천만 년 전 고생대에는 양치식물이 지금의 나무처럼 크게 자라 습지에 울창한 숲을 이루었어요. 이 식물들이 죽어 쌓이고, 오랜 시간 열과 압력을 받으며 변한 결과가 바로 석탄입니다. 석탄은 '옛날 숲이 남긴 화석 에너지'라고 볼 수 있어요.

양치식물이 이렇게 크게 자랄 수 있었던 핵심은 관다발에 있어요. 관다발은 식물 속에서 물과 양분을 옮기는 통로로, 물을 위로 보내는 물관과 잎에서 만든 양분인 당을 운반하는 체관으로 이루어져 있어요. 덕분에 식물이 땅에서 옆으로만 퍼지지 않고 위로 자랄 수 있지요. 또한 식물은 큐티클로 수분 손실을 막고 기공을 통해 기체교환을 조절하며 건조한 육지 환경에 적응했습니다.

번식 방법도 독특합니다. 커다란 고사리 잎이 양치식물의 본체로, 포자체라고 부릅니다. 잎 뒷면에 포자낭을 만들어 포자를 퍼뜨려요. 포자가 땅에 떨어지면 아주 작고 얇은 배우체로 자라고, 여기서 정자와 난자가 만들어지죠. 물을 통해 정자가 헤엄쳐 가기 때문에 육지에 적응했어도 번식에 물이 필요해요.

양치식물은 네 무리로 나뉩니다. 고사리류는 잎이 크고 뒷면에 포자낭이 있어요. 석송류는 잎이 바늘처럼 뾰족하고 습한 곳에서 자랍니다. 쇠뜨기류는 줄기에 마디가 있고 마디마다 잎이 빙 둘러 나요. 몸에 규산이 쌓여 거칠기 때문에 천연 수세미로 쓰이기도 합니다. 생이가래류는 물 위에 떠서 살며 번식력이 뛰어나고 일부는 질소를 고정하는 능력이 있어 친환경 농업에 활용됩니다.

우리는 고사리와 고비를 나물로 먹고, 비빔밥에도 넣어 먹습니다. 그늘에서도 잘 자라 관상식물로도 인기가 많죠. 예로부터 약으로 쓰인 양치식물도 있습니다. 생태계에서는 흙이 씻겨나가지 않도록 지켜주고, 작은 동물들에게 숨을 곳을 제공합니다. 기후변화와 서식지 파괴로 멸종 위기에 놓인 종도 있어 보전 노력이 필요해요. 양치식물은 석탄의 주인공이자, 지금도 생태계를 지탱하고 있어요. 이들을 이해하는 것은 지구의 긴 역사와 우리가 누리는 자연의 혜택을 함께 돌아보는 일이랍니다.

#교과 #식물과_에너지 #광합성 #식물의_에너지_사용과_저장 #생물의_구성과_다양성

065

겉씨식물
겉으로 드러난 씨앗의 전략!

유럽과 아시아, 북아메리카의 북쪽에는 타이가라는 아주 넓은 숲이 펼쳐져 있어요. 이 숲은 지구에서 가장 큰 육상 생태계 중 하나인데, 나무 종류는 의외로 단순합니다. 가문비나무, 전나무, 소나무, 잎갈나무 같은 몇몇 나무가 숲 대부분을 이룹니다. 이들은 모두 겉씨식물이라는 무리에 속해요.

겉씨식물은 씨앗을 만들기는 하지만 사과나 감과는 달리 열매가 씨앗을 감싸지 않는 식물이에요. 꽃식물(속씨식물)은 씨앗이 씨방 안에서 자라 열매가 되지만, 겉씨식물은 씨앗이 비교적 겉에 드러난 상태로 만들어집니다. 이런 구조는 겉씨식물이 오랜 시간 척박한 환경에 적응하며 살아남은 결과라고 볼 수 있어요.

겉씨식물 가운데 가장 흔한 무리는 구과식물입니다. 소나무나 전나무처럼 솔방울을 만드는 나무들이 여기에 속해요. 이들은 잎이 바늘처럼 가늘고 단단해 표면적이 작고, 잎 겉에는 두꺼운 보호막이 있어서 물이 쉽게 날아가지 않아요. 또 송진이라는 진액을 분비해 벌레나 병원균이 달라붙기 어렵게 해 몸을 보호합니다. 이런 특징 덕분에 추운 지역이나 건조한 환경에서도 잘 살아갈 수 있죠.

겉씨식물이 널리 퍼질 수 있었던 또 다른 이유는 씨앗이에요. 씨앗 속에는 작은 아기 식물인 배아가 들어 있고, 단단한 껍질이 둘러싸고 있어서 외부 충격을 막아줍니다. 씨앗은 바람을 타고 멀리 퍼질 수 있어 새로운 환경에 정착하기도 유리해요. 번식 방식도 비교적 단순한 편이라, 화려한 꽃이나 곤충에 의존하기보다는 바람으로 꽃가루를 옮겨 수정이 이루어집니다.

겉씨식물은 크게 네 무리로 나눌 수 있어요. 앞서 이야기한 소나무 같은 구과식물은 추운 지역에 특히 잘 적응한 나무랍니다. 그 외에도, 공룡 시대부터 이어져 온 소철식물이 있어요. 소철식물은 야자수처럼 생겼지만 겉씨식물이고 주로 열대나 아열대 지역에 살아요. 또, 은행나무 무리에서는 우리가 아는 은행나무 단 한 종만 살아남았어요. 그래서 은행나무를 '살아 있는 화석'이라고 부릅니다. 은행나무는 공해와 병충해에 강해 우리나라에서 가로수로도 자주 씁니다. 가을에 잎이 노랗게 물드는 모습이 정말 아름답지요. 마지막으로 마황식물 무리에는 사막에서 단 두 장의 잎으로 수백 년을 버티는 웰위치아처럼 매우 독특한 식물도 포함됩니다. 웰위치아는 두 장의 잎이 계속 자라고 닳고 찢기면서도 살아남아요.

겉씨식물은 우리 생활과도 밀접합니다. 목재와 종이, 건축 자재의 상당 부분이 소나무나 전나무 같은 겉씨식물에서 나오고, 은행나무는 잎과 열매가 식용 및 약용으로 이용됩니다. 소철은 모양이 멋있어서 정원이나 공원에 조경용으로 심고, 마황류는 특정 성분을 뽑아 감기약이나 천식 치료제를 만드는 데 쓰이기도 합니다.

요즘 겉씨식물은 산림 파괴와 기후변화로 위협을 받고 있어요. 특히 소철류는 개발과 불법 채집 때문에 멸종 위기에 놓인 종이 많습니다. 이를 막기 위해 보호구역을 만들고, 씨앗을 보관하는 종자은행을 운영하면서 보전 노력이 이어지고 있습니다.

겉씨식물은 단순히 오래된 식물이 아니라, 수억 년 동안 지구 환경을 견뎌온 생명체입니다. 이들이 만든 숲은 지금도 생태계를 지탱하고 있어요. 겉씨식물을 지킨다는 건, 지구의 긴 역사는 물론 미래의 숲을 함께 지키는 일입니다.

속씨식물
열매 안에 씨앗을
소중히 감추었어요!

속씨식물이라는 이름의 뜻은 재미있어요. 씨앗이 겉으로 드러나지 않고 씨방이라는 주머니 안에 들어 있기 때문에, '속에 씨앗이 있는 식물'이라는 의미랍니다. 속씨식물은 꽃을 만들고, 수정이 끝나면 열매까지 만든다는 점에서 다른 식물과 뚜렷하게 구별돼요. 꽃은 식물이 자손을 남기는 과정에서 꼭 필요한 기관으로, 꽃가루가 암술머리에 옮겨가야 수정이 시작됩니다. 이 과정에는 곤충이나 새, 바람 같은 다양한 매개자가 관여해요.

속씨식물에서 씨방은 특히 중요한 역할을 해요. 수정이 일어나면 씨방은 자라서 사과나 복숭아 같은 열매가 되는데, 열매는 씨앗을 보호하는 동시에 씨앗이 퍼지는 데 도움을 줘요. 달콤한 열매는 동물이 먹고 씨앗을 다른 곳에 떨어뜨리게 만들고, 가벼운 열매는 바람을 타고 멀리 이동하기도 해요. 씨앗 안에는 싹이 틀 때 필요한 영양분도 함께 들어 있어, 환경이 조금 나빠도 자랄 힘을 갖추고 있답니다.

　오늘날 우리가 주변에서 보는 식물 대부분은 속씨식물이에요. 속씨식물이 이렇게 크게 번성한 이유 중 하나는 동물과 손잡고 협력하는 전략입니다. 많은 속씨식물은 벌이나 나비 같은 수분 매개자를 끌어들이기 위해 꽃잎을 화려하게 만들고 향기와 꿀을 준비해요. 곤충은 먹이를 얻는 대신 꽃가루를 옮겨주면서 식물의 번식을 돕지요. 이런 관계가 오랜 시간 이어지면서 서로에게 더 잘 맞게 변해왔어요. 앞서 공진화에 대해 살펴봤지요? 공진화는 생물다양성이 크게 늘어나는 데 중요한 역할을 했어요. 벌은 자외선도 볼 수 있어서 사람 눈에는 안 보이는 꽃무늬를 따라가기도 하고, 꽃은 특정 곤충이 들어오기 좋게 모양을 바꾸기도 했습니다. 이런 일이 쌓이고 쌓이면서 속씨식물과 곤충의 종류가 늘어나 생물다양성이 풍부해진 거예요.

　속씨식물은 씨앗 속 떡잎의 수에 따라 두 무리로 나누기도 해요. 떡잎이 두 장인 쌍떡잎식물은 장미나 참나무처럼 잎맥이 그물 모양인 경우가 많고, 떡잎이 한 장인 외떡잎식물은 벼나 밀, 옥수수처럼 잎맥이 나란히 뻗어 있어요. 벚나무나 사과나무처럼 화려한 꽃이 화려한 식물은 주로 곤충의 도움을 받지만, 벼나 옥수수처럼 바람으로 수분하는 식물은 꽃이 작고 소박한 편이에요.

　속씨식물은 우리 생활과도 매우 깊이 연결돼 있어요. 쌀, 밀, 콩, 감자 같은 주요 식량 작물 대부분이 속씨식물이고, 면화처럼 옷의 재료가 되는 식물이나 커피, 카카오처럼 전 세계 사람들이 즐기는 작물도 속씨식물입니다. 약의 원료 역시 많은 경우 속씨식물에서 얻어져, 인류 문명의 중요한 기반이 되고 있어요.

현재 기후변화와 개발, 병충해로 인해 속씨식물의 서식지는 점점 줄어들고 있어요. 바나나처럼 특정 품종만 넓게 재배할 경우 병이 퍼졌을 때 큰 피해가 한번에 생길 위험이 커집니다. 아마존 열대우림처럼 속씨식물이 아주 다양하게 모여 사는 곳도 개발과 벌목으로 범위가 빠르게 줄어들고 있어요. 그래서 사람들은 종자를 보관하는 종자은행을 운영하거나 보호구역을 만들고 복원 사업을 운영하는 등, 속씨식물의 다양성을 지키기 위한 노력을 이어가고 있어요.

속씨식물을 지킨다는 것은 꽃의 아름다움만을 지키는 일이 아니라, 우리가 먹고 입고 살아갈 미래를 지키는 일이기도 해요. 봄마다 피어나는 꽃들은 그 자체로도 예쁘지만, 지구 생태계와 인간의 삶을 이어주는 주인공들이랍니다.

식물의 광합성과 한 살이
빛으로 에너지를 만들고
세대를 오가며 대를 잇는 삶

아마존 열대우림을 떠올리면 깊고 우거진 초록 숲이 생각나요. 그 안에는 수많은 나무와 식물이 빽빽하게 자라며, 매 순간 빛과 물, 이산화탄소를 이용해 스스로 살아갈 에너지를 만들고 있어요. 우리가 숨 쉬는 데 필요한 산소도 이 과정에서 나오기 때문에 아마존은 흔히 '지구의 허파'라고 불려요. 아마존이 전 세계 산소 대부분을 만든다는 말은 과장된 표현이지만, 지구의 탄소 순환과 생물다양성에 매우 중요한 생태계임은 분명해요. 식물이 빛을 이용해 에너지를 만드는 과정을 광합성이라 하며, 말 그대로 빛을 이용해서 물질을 합성한답니다. 광합성은 식물 세포 안에 있는 엽록체라는 작은 공장에서 일어나요. 엽록체 안에는 납작한 구조가 여러 겹 쌓인 틸라코이드가 있고, 틸라코이드 막 속 엽록소에서 광합성의 첫 단계가 시작됩니다. 엽록소는 빛을 흡수하는 역할을 하며, 특히 빨강과 파랑 계열의 빛을 잘 흡수해요. 초록빛은 잘 흡수하지 않고 반사하기 때문에 식물의 잎이 우리 눈에 초록

색으로 보이는 거예요. 광합성을 통해 식물은 당이라는 영양분을 만들어서 몸을 키우고, 잎과 줄기, 뿌리를 만드는 데 씁니다. 남는 당은 녹말처럼 저장되거나, 섬유소로 바뀌어 식물의 몸을 단단하게 해줍니다. 그래서 광합성은 식물 하나만을 위한 과정이 아니라, 지구 전체 생태계를 움직이는 엔진이라고 할 수 있어요. 식물이 만든 에너지를 초식동물이 먹고, 그 초식동물을 육식동물이 먹으면서 모든 생물은 식물이 만든 에너지에 기대어 살아가요. 또한 광합성을 통해 나오는 산소 덕분에 사람을 포함한 동물들이 숨을 쉬며 살 수 있어요. 식물은 만든 에너지를 이용해 새로운 생명을 만들어 다음 세대로 이어가는 데도 사용합니다. 인간은 정자와 난자라는 작은 두 세포가 만나야 새로운 생명이 시작되지요. 정자와 난자는 각각 아빠와 엄마의 유전 정보를 반만 가지고 있어서 둘이 합쳐져야만 해요. 하지만 식물은 유전자가 반만 들어 있는 상태에서도 세포 하나로 끝나지 않고 스스로 자라 한 개체처럼 살아가는 시기가 있습니다. 식물이 이렇게 서로 다른 두 세대를 번갈아 살아가는 과정을 세대교번이라고 해요.

식물의 한살이에는 포자체와 배우체라는 두 단계가 있어요. 포자체는 나무나 풀처럼 크고 눈에 잘 띄는 몸으로, 포자를 만들어 퍼뜨리고, 포자가 자라면 배우체가 돼요. 배우체는 정자와 난자를 만들고, 이들이 만나 수정되면 다시 새로운 포자체가 태어나요. 이렇게 식물은 포자체와 배우체를 번갈아 거쳐 순환하면서 대를 이어요. 재미있게도 식물의 종류에 따라 어느 세대가 더 눈에 띄는지 달라지는데요. 차이점은 이끼류는 배우체가 주인공(본체)이고, 고사리나 나무는 포자체가 본체라는 것입니다. 예를 들어 양치식물은 포자체가 더 크고, 배우체는 땅 위에 아주 작게 잠깐 나타나요. 소나무나 벚나무 같은 종자식물, 특히 꽃식물에서는 배우체가 꽃 속에 숨어 거의 보이지 않을 만큼 작아지고 포자체가 생활사의 중심이 돼요. 이런 변화는 식물이 점점 물에 덜 의존하고, 건조한 육지 환경에서도 살아갈 수 있게 적응한 결과예요. 그 덕분에 지금처럼 다양한 식물이 지구 곳곳에서 살아갈 수 있게 됐어요.

식물은 광합성으로 에너지를 만들고, 세대교번이라는 한살이를 통해 대를 이어왔어요. 나무들이 매일 조용히 햇빛을 받아 광합성하고 새로운 생명을 준비하는 일은 숲을 초록으로 유지하면서 생태계 전체의 균형을 지탱하는 엄청난 일이랍니다. 우리가 자연을 소중히 지켜야 하는 이유는 이렇게 눈에 잘 보이지 않는 중요한 일들이 지금도 계속 이어지고 있기 때문이에요.

석탄의 형성
수억 년의 시간이 만든
고생대 숲의 선물

1800년대 초 영국의 도시는 공장 굴뚝과 증기기관 열차에서 나온 검은 연기가 가득했어요. 공기는 뿌옇고 매캐했지만, 사람들은 예전보다 훨씬 많은 물건을 빠르게 만들고 멀리 이동할 수 있게 되었지요. 이 큰 변화가 바로 산업혁명이었고, 그 중심 연료가 석탄이었어요. 석탄은 증기기관을 움직이는 에너지가 되어 공장과 철도, 철강 산업을 빠르게 성장시켰답니다.

석탄은 처음부터 땅속에 그냥 있던 돌이 아니에요. 석탄의 시작은 약 3억 년 전 고생대 석탄기로 거슬러 올라가요. 그 시기 지구는 지금보다 따뜻하고 습해서 양치식물이나 석송류 같은 식물들이 늪지대에 울창한 숲을 이루고 있었어요. 이 식물들이 죽어 쌓였지만, 늪 바닥은 산소가 부족해 잘 썩지 못했고 식물 잔해가 그대로 남았지요. 그 위에 오랜 세월 흙과 모래가 쌓이고, 땅속 깊은 곳에서 열과 압력이 가해지면서 식물의 흔적은 점점 단단해졌어요. 돌처럼 변하는 이 과정을 석탄화라고 불러요. 처음에는 물기 많은 식물 찌꺼기 같은 이탄이 만들어지고, 더 압력을 받으면 갈탄, 역청탄으로 바뀌며, 가장 마지막에는 탄소가 많은 무연탄이 됩니다. 결국 석탄은 아주 오래전 식물이 햇빛으로 만든 에너지가 땅속에 저장되어 굳어진 식물 화석인 셈이에요.

사람들은 오래전부터 석탄을 조금씩 사용했지만, 증기기관이 등장하면서 석탄은 세상을 움직이는 핵심 에너지가 됐어요. 공장은 더 많이 돌아가고, 기차는 더 빠르게 달리며 철과 배를 만드는 산업도 크게 성장했죠. 그래서 석탄은 한때 발전과 부의 상징처럼 여겨졌어요. 하지만 석탄을 태우면 이산화탄소가 많이 나와 지구를 덥게 만들고, 공기를 오염시키는 미세먼지를 늘려 사람의 건강에도 나쁜 영향을 줘요. 숨쉬기가 힘들어지거나 호흡기와 심장 질환에 위험이 커질 수 있지요. 그래서 최근 각 나라에서 석탄 사용을 줄이고 태양광이나 풍력 같은 재생에너지로 바꾸려는 노력이 이어지고 있어요. 석탄은 아주 오래전 식물이 남긴 커다란 선물이자 산업혁명을 가능하게 한 중요한 에너지였지만, 동시에 환경 문제를 남기기도 했어요. 과거의 편리함보다는 지구와 사람이 함께 오래 살 수 있는 더 깨끗한 에너지를 선택해야 합니다. 석탄의 역사는 우리가 자연에서 얻은 에너지를 앞으로 어떻게 더 현명하게 써야 하는지 생각하게 해줍니다.

#교과 #식물과_에너지 #순환 #식물의_에너지_사용과_저장 #생물의_구성과_다양성

균근
흙 속의 정교한 거래소!
식물과 균류의 공생 시스템

잘 자라던 나무도 다른 곳으로 옮겨 심으면 갑자기 시들 때가 있어요. 이때 뿌리 주변 흙을 함께 퍼서 옮기면 훨씬 잘 살아남는다는 걸 알고 있나요? 이는 흙 속에 살던 균류가 함께 따라오기 때문이에요. 균류가 식물 뿌리와 딱 붙어서 함께 살아가는 관계를 균근이라고 불러요. 말 그대로 균과 뿌리가 한 팀이 되는 거죠.

건강한 흙 속에는 아주 많은 생물이 살고 있어요. 그중에는 머리카락보다 훨씬 가는 실 모양의 균사를 뻗는 곰팡이와 버섯의 친척도 있어요. 어떤 균류는 낙엽이나 죽은 생물을 분해해 흙을 비옥하게 만들고, 어떤 균류는 살아 있는 식물의 뿌리와 손잡고 살아가요. 식물과 균류가 함께 사는 이유는 서로 도움이 되기 때문이에요. 식물은 광합성으로 만든 당을 균류에게 나눠주고, 균류는 흙 속으로 길게 균사를 뻗어 물과 무기질을 찾아 식물에게 전달해요. 특히 인이나 질소 같은 영양분은 뿌리만으로는 흡수하기 어려운데, 균류가 있으면 훨씬 잘 흡수할 수 있어요. 식물 입장에서는 뿌리가 갑자기 수백 배로 늘어난 것과 같은 효과가 나는 셈이에요. 균류는 식물 뿌리를 둘러싸 병원균의 침입을 막고, 흙 속 염분이나 중금속으로 인한 스트레스를 줄이며 보호하기도 해요. 균근은 여러 식물을 연결하는 길처럼 작동해, 한 식물이 힘든 일을 겪을 때 그 신호가 다른 식물로 전달될 수 있다는 사실도 밝혀졌어요. 땅속에 보이지 않는 연결망이 있는 것과 같아요.

균근이 만들어지는 과정도 흥미로워요. 식물 뿌리는 특정한 신호 물질을 내보내서 "여기 좋은 파트너가 필요해!"라는 메시지를 보내요. 그러면 균류가 균사를 자라게 해서 뿌리 쪽으로 다가와요. 어떤 균류는 뿌리 세포 바깥쪽에서 그물처럼 둘러싸고, 어떤 균류는 뿌리 세포 안쪽까지 들어가서 영양분을 주고받는 구조를 만들어요. 이런 협력은 하루아침에 생긴 게 아니라, 식물과 균류가 오랜 시간 함께 살아오며 만든 협력의 결과예요. 식물에게 균근은 필수적인 존재예요. 최근 농업에서는 균근을 활용해 작물 생장을 돕고, 산불이나 개발로 황폐해진 땅에 숲을 되살릴 때도 균근을 만드는 균류가 중요한 역할을 해요. 균근은 뿌리와 흙 사이에서 생명을 이어주는 협력 시스템입니다. 우리가 보는 나무 아래에서는 식물과 균류가 조용히 힘을 합치며 숲을 지지하고 있어요. 이 협력은 숲이 오래 살아갈 수 있게 하는 숨은 힘이에요

식충식물
영양분이 부족해? 벌레로 채울 거야!

무더운 여름날, 모기 한 마리가 윙윙 날아다니다가 한 식물 잎에 이끌립니다. 잎은 탐스럽게 붉고 달콤한 냄새까지 나지요. 모기가 안쪽에 내려앉는 순간, 잎이 닫혀버립니다. 식물계의 사냥꾼, 파리지옥의 모습이에요. 파리지옥은 잎 안쪽의 감각털이 여러 번 건드려져야 '진짜 먹잇감이 들어왔구나!' 하고 닫히기 때문에, 바람이나 빗방울 같은 우연한 자극에는 쉽게 반응하지 않아요. 먹이가 갇히면 잎의 틈이 더 단단하게 닫히고, 소화효소를 내보내 곤충의 몸에서 필요한 영양분을 천천히 녹여 흡수합니다. 소화가 끝나면 잎이 다시 열리고, 남은 껍데기는 바람에 날려보냅니다.

　식충식물은 동물을 잡아먹는 식물이에요. 이들은 작은 무척추동물도 잡아먹고, 작은 도마뱀이나 쥐 같은 동물도 함정에 빠뜨립니다. 고기만 먹고 사는 것은 아니고, 기본 에너지는 다른 식물처럼 광합성으로 얻어요. 다만 질소나 인처럼 몸을 만드는 데 꼭 필요한 영양분이 부족한 환경에서 살기 때문에, 이를 보충하기 위해 곤충을 이용하는 방식으로 진화했어요. 사냥 방법은 다양합니다. 끈끈이주걱은 잎에서 끈적한 점액을 내 곤충을 붙잡고, 통발은 물속에서 작은 주머니를 만들어 순식간에 물과 함께 먹이를 빨아들여요. 벌레잡이통풀은 항아리처럼 생긴 깊은 통 모양의 잎 안으로 곤충을 유인해 미끄러지듯 떨어뜨립니다. 살아남기 위해 치밀한 덫을 갖춘 셈이지요. 필리핀 고산지대에 사는 네펜데스 아텐보로이는 항아리 잎에 1리터가 넘는 액체가 담길 만큼 커요. 네펜데스 그라실리스라는 종은 빗방울이 떨어지는 힘을 이용해 곤충을 함정으로 튕겨 넣기도 합니다. 자연이 만든 트램펄린 같아요.

이들은 습지나 이탄습지처럼 물은 많지만 흙의 영양분이 부족한 곳에서 자라요. 곤충을 통해 부족한 부분을 채우는 길을 선택한 거예요. 식충식물의 사냥은 특별한 취미가 아닌 생존을 위한 전략입니다. 이처럼 식물도 환경에 따라 다양한 방식으로 살아갑니다. 과학자들은 식충식물의 소화효소나 항균 물질을 연구해 신약이나 기술을 연구하고 있어요. 어떤 식충식물은 희귀하고 모양이 예뻐서 사람들이 많이 채집했지요. 그 바람에 야생 개체 대다수가 사라지기도 했답니다. 식충식물은 사냥을 즐기는 이상한 식물이 아니에요. 힘든 환경에서도 살아남으려 진화의 길을 넓힌, 놀라운 생존의 지혜를 담은 식물입니다.

071

사막식물
한 방울도 놓칠 수 없어, 메마른 땅에서 수분을 지켜내자!

사막의 태양은 정말 무섭게 뜨겁습니다. 땅은 불판처럼 달아오르고, 물은 찾기조차 어려워 사람도 금세 지치기 쉬워요. 그런데도 사막에는 초록색 식물이 살아 있습니다. 멀리서 선인장이 보이면 "저 안에 물이 있을까?" 하고 궁금해지지요. 실제로 어떤 선인장이나 다육식물은 몸속에 물을 저장해두어, 비가 거의 오지 않는 환경에서도 살아남을 수 있습니다.

사막에는 몇 가지 공통된 특징이 있어요. 비가 매우 적게 오고, 낮과 밤의 온도 차가 극심하다는 점입니다. 어떤 지역은 1년에 내리는 비가 250밀리미터도 되지 않고, 낮에는 40도 이상으로 달아오르다가 밤에는 급격히 식어버리기도 해요. 게다가 뜨거운 날씨 때문에 물이 빠르게 증발해 땅은 늘 건조하고 영양분도 부족합니다. 이런 조건에서는 식물이 살기 어렵지만, 사막식물은 특별한 적응 덕분에 살아남습니다.

사막식물 가운데 가장 잘 알려진 것은 선인장입니다. 선인장은 잎이 가시로 변해 물이 날아가는 것을 크게 줄여줍니다. 다육식물도 사막에서 흔히 볼 수 있는데, 용설란이나 알로에처럼 잎이나 줄기에 물을 통통하게 저장하는 식물이 여기에 속해요. 어떤 사막식물은 나무처럼 자라기도 합니다. 타말리스나 데저트아이언우드 같은 식물은 잎을 작고 두껍게 만들거나, 뿌리를 아주 깊게 내려 지하수에 닿으려 해요. 이들 식물은 표면이 두꺼운 보호막처럼 생겨서 수분이 쉽게 빠져나가지 않도록 버팁니다.

사막식물이 살아남는 데 가장 중요한 기술은 물을 아끼는 능력이에요. 선인장처럼 잎을 거의 없애고 줄기가 광합성을 하는 식물도 많습니다. 보통 식물은 잎에 있는 기공이라는 작은 구멍을 통해 이산화탄소를 들여보내고 산소를 내보내는데, 이 과정에서 물도 함께 빠져나가요. 그런데 사막에서 낮에 기공을 열면 물을 너무 많이 잃게 되기 때문에 치명적일 수 있습니다. 그래서 어떤 사막식물은 CAM 광합성이라는 특별한 방식을 사용합니다. 이 식물들은 밤에 기공을 열어 이산화탄소를 조금씩 모아 저장해두었다가, 낮에는 기공을 닫은 채 저장한 이산화탄소를 이용해 광합성을 합니다. 이렇게 하면 가장 더운 낮에도 물을 아끼면서 살아갈 수 있어요. 선인장, 용설란, 파인애플이 대표적인 예입니다.

사막식물은 사람에게도 여러모로 도움이 됩니다. 선인장이나 다육식물은 물을 자주 주지 않아도 잘 자라 집에서 키우는 관상식물로 인기가 많아요. 알로에는 피부를 진정시키는 데 도움이 되는 성분이 있어 화장품이나 생활용품에 널리 쓰입니다. 또, 선인장의 성분을 이용한 건강 관련 연구도 진행되고 있어요. 무엇보다 사막식물이 물을 절약하며 극한 환경에서 살아남는 방식은, 가뭄에도 잘 버티는 작물을 개발하는 연구에 중요한 힌트를 주고 있어 기후변화 시대에 더욱 주목받고 있습니다.

사막식물은 '사막은 생명이 없는 곳'이라는 생각을 완전히 바꿔줍니다. 가시로 몸을 보호하고, 뿌리를 보이지 않게 깊이 뻗으며, 밤을 골라 숨 쉬듯 기공을 여는 사막식물의 전략은 놀라울 만큼 똑똑합니다. 뜨거운 열기 속에서도 꿋꿋하게 살아가는 이 식물들을 보면, 생명이 환경에 맞춰 얼마나 정교하게 적응할 수 있는지 새삼 감탄하게 됩니다.

072

식물의 이용
생태계의 기둥이 되어주는
고마운 존재들

커피나 에너지음료를 마시면 잠이 확 달아나는 느낌이 들죠? 그 이유는 바로 카페인이라는 물질 때문이에요. 앞에서 잠시 이야기했지만 카페인은 식물이 만들어낸 자연 독소랍니다. 원래 식물이 곤충이나 초식동물에게 잎을 뜯기지 않기 위해 만든 화학물질이에요. 사람에게는 이 물질이 신경을 자극해 각성 효과를 내기 때문에 피로가 덜한 것처럼 느끼게 해주고요. 이런 점을 보면 식물은 단순히 먹거리만 제공하는 존재가 아니라, 다양한 화학물질을 만들어 환경에 대응하는 아주 똑똑한 생명체라는 걸 알 수 있어요.

식물은 생물다양성의 중요한 구성원이자, 인간과 자연에 큰 도움을 주는 존재예요. 가장 대표적인 역할은 광합성을 통해 산소를 만들어내고, 이산화탄소를 흡수하는 일이에요. 이 과정은 우리가 숨 쉬는 공기를 유지해줄 뿐 아니라, 대기 중 온실기체를 줄여 기후를 안정시키는 데도 큰 도움을 줍니다. 또 식물의 뿌리는 흙을 단단히 붙잡아 비가 많이 와도 토양이 쉽게 쓸려가지 않게 해줘요.

나무의 잎과 가지는 바람을 막아주고 주변의 온도와 습도를 조절하는 역할도 합니다. 그래서 산불이 나거나 다른 이유로 숲이 사라진 지역에서는 폭우가 오면 산사태가 일어나기 쉬워지고, 환경이 더 불안정해지기도 해요. 식물이 죽어 썩으면 그 잔해는 유기물이 되어 토양을 비옥하게 만들고, 또 다른 생명들이 살아갈 기반을 마련해줍니다. 식물은 이렇게 눈에 잘 띄지 않는 곳에서도 환경을 지탱하고 있어요.

사람들은 오래전부터 식물이 만드는 화학물질을 생활에 활용해왔고, 특히 약을 만드는 데 큰 도움을 받았습니다. 마황이라는 식물에는 에페드린이라는 성분이 들어 있어 감기약이나 기관지 확장제의 재료로 쓰였어요. 우리가 흔히 해열진통제로 알고 있는 아스피린도 버드나무 껍질에 들어 있는 성분을 이용해 개발된 약이에요. 또 난소암이나 유방암 치료에 사용되는 항암제 택솔은 주목이라는 나무에서 얻은 성분으로 만들어졌답니다. 박하에서 얻는 멘톨은 기침을 완화하는 데 도움을 주고, 양귀비에서 얻는 모르핀은 매우 강력한 진통제로 사용돼 큰 통증을 줄여줍니다. 이런 식물 유래 약물은 어떻게 발견될까요? 많은 경우, 사람들이 오랜 시간 동안 식물과 함께 살아오며 경험과 시행착오를 통해 "이 식물이 이런 증상에 도움이 된다."라는 사실을 알아냈어요. 이런 전통 지식이 쌓이고 기록으로 남아 새로운 약을 찾는 중요한 단서가 되기도 합니다. 요즘에는 나고야 의정서 같은 국제 규범이 생기면서 여러 나라가 각자 전해 내려오는 전통 지식과 생물자원을 잘 정리하고 연구하려는 움직임이 커졌어요. 중국의 투유유 박사는 개똥쑥에서 말라리아 치료 성분인 아르테미시닌을 찾아내 큰 성과를 냈고, 그 공로로 2015년 노벨생리의학상을 받았어요. 이 연구 역시 오래된 의학 문헌에서 '말라리아에 도움이 될 수 있다.'라는 기록을 보고 힌트를 얻은 것이었답니다.

식물은 뿐만 아니라 우리의 식량을 책임지는 존재이기도 해요. 전 세계 많은 사람이 세계 3대 작물로 불리는 벼, 밀, 옥수수 같은 소수 주요 작물에 크게 의존해 살아가고 있습니다. 감자, 고구마, 카사바, 콩, 바나나 같은 작물도 중요한 에너지원이에요. 여기에 더해 식물은 목재, 종이, 섬유, 밧줄 같은 재료를 제공해 우리의 생활 전반에 이용됩니다. 식물은 단순히 우리를 둘러싼 배경이 아니라, 우리의 생존과 건강, 문화와 환경, 미래까지 이어주는 아주 중요한 존재예요. 지속 가능한 미래를 만들기 위해서는 식물을 제대로 이해하고, 소중히 지키는 일이 무엇보다 중요합니다.

개체군
혼자 사는 게 아니라
더불어 살아가요

비행기 사고로 무인도에 표류한 주인공이 오랜 시간 혼자 살아가는 영화, 〈캐스트 어웨이〉를 아시나요? 이 영화를 보면 사람은 완전히 혼자 살아가기 어렵다는 생각이 듭니다. 우리는 누군가와 대화하고 관계를 맺으며 더불어 살아갑니다. 모든 생물은 보통 완전히 혼자 살지 않고 같은 종끼리 한 지역 안에서 함께 살아요. 여기서 서로 영향을 주고, 짝짓기할 가능성도 있는 집단을 개체군이라고 부릅니다. 바위 해안에 불가사리가 여러 마리 살고 있다면, 그 불가사리들은 한 개체군을 이룬다고 할 수 있죠. 개체군의 크기는 시간에 따라 계속 변합니다. 어떤 때는 늘고 어떤 때는 줄어들죠. 사람들은 오래전부터 이런 변화를 관찰했습니다. 농사를 지을 때 해충이 얼마나 늘어나는지, 가축이 얼마나 번식하는지도 개체군 변화와 관련이 있어요. 오늘날에도 국립공원 관리자나 보전생물학자들은 멸종위기종이나 야생동물이 너무 줄지 않게, 또는 특정 동물이 과도하게 늘어 문제가 생기지 않도록 유심히 살펴보며 관리합니다.

개체군은 한곳에만 고정되어 있지 않고 다른 지역과 이어지는 경우가 많아요. 개체가 밖으로 나가는 이동을 이출, 밖에서 들어오는 이동을 이입이라고 하며, 이런 이동을 묶어 분산이라고 부릅니다. 여러 개체군이 분산을 통해 서로 연결되어 형성한 하나의 커다란 묶음을 메타개체군이라고 해요. 석회암 바위틈에서만 자라는 식물이 여러 지역에 흩어져 살더라도, 씨앗이 바람이나 동물에 의해 옮겨갈 수 있다면 그 집단들은 하나의 메타개체군처럼 작동합니다. 사람도 비슷해요. 전 세계로 이주와 이동이 이어지는 인류 역시 거대한 메타개체군으로 볼 수 있습니다.

종마다 사는 범위도 달라요. 사람처럼 전 세계에 퍼진 종도 있지만, 아주 좁은 지역에만 사는 종도 있습니다. 특정 지역에만 사는 종을 고유종이라고 해요. 우리나라에도 고유종이 꽤 많습니다. 이런 종은 서식지가 조금만 훼손돼도 큰 위기에 놓이기 쉽죠.

개체군이 변하는 데에는 세 가지 요인이 중요합니다. 첫째는 물리적 환경으로, 기후, 지형, 흙의 성질, 인간의 개발 여부가 생존 가능성을 좌우해요. 석회암에서만 자라는 식물은 석회암이 없는 곳에서 살기 힘들겠지요. 둘째는 생물 사이의 상호작용입니다. 같은 종끼리 먹이를 놓고 경쟁하는 종내경쟁, 다른 종과 부딪히는 종간경쟁, 포식과 피식 관계는 개체 수에 큰 영향을 미칩니다. 예를 들어 어떤 곰팡이는 썩은 먹이가 많을 때 확 늘었다가, 먹이가 사라지면 개체 수가 줄어듭니다. 그런데 그 곰팡이를 먹는 생물이 있다면 곰팡이의 수가 심하게 늘어나지 않도록 막아줄 수 있어요. 셋째는 분산입니다. 분산은 경쟁을 피하게 하고, 환경이 나빠졌을 때 다른 곳으로 이동할 기회를 주며, 한 지역이 망해도 종 전체가 사라지는 위험을 줄여줍니다. 개체가 스스로 이동하는 경우도 있고, 민들레씨처럼 바람을 타고 퍼지는 경우도 있으며, 새나 박쥐가 열매를 옮기면서 씨앗을 퍼뜨리는 경우도 있어요.

　분산 중에서 이주는 뚜렷한 형태를 보여요. 보통 계절에 따라 먹이나 환경이 달라지면서 일어나고, 대개 왕복 이동합니다. 제비는 겨울에 동남아에서 지내다가 여름이 되면 한반도 등 동북아로 올라와 번식한 뒤 따뜻해지면 먹이가 있는 남쪽으로 다시 이동해요. 개체군은 같은 종이 한 지역에서 함께 살아가는 집단이며, 그 크기와 분포는 환경, 생물 간 관계, 그리고 이동에 따라 끊임없이 달라집니다. 자연과 생물다양성을 이해하고 지키기 위해서는 개체군이 어떻게 변하는지 바라보는 눈을 지녀야 해요.

#교과 #생물의_구성 #생물의_다양성 #식물 #동물 #과학과_인류의_지속가능한_삶

군집
종과 종 사이에서
상호작용이 일어나는 커뮤니티

같은 장소, 비슷한 시간대서 살며 상호작용하는 종들의 모임을 군집community이라고 합니다. 군집에서 가장 중심이 되는 주제는 종 다양성과 종 사이의 상호작용입니다. 종 다양성은 "어떤 종이 얼마나 다양하게 있는가?"를 의미하며, 종 사이의 상호작용은 "그 종들이 서로 어떤 관계를 맺고 사는가?"를 말합니다.

앞서 살펴본 것처럼 사람뿐만 아니라 자연 속 생물도 혼자만 뚝 떨어져 존재하지 않아요. 예를 들어 여러 종이 같은 지역에 모이면 한정된 먹이를 두고 다투기도 하고, 한 종이 다른 종을 잡아먹거나 잡아먹힐 수도 있습니다. 혹은 서로 도와주면서 관계가 생기기도 합니다. 이런 관계는 개체 하나의 삶을 넘어서 종의 개체 수와 분포를 바꾸고 더 길게는 진화로도 이어질 수 있어요.

생태학자들은 한 종이 다른 종에게 주는 영향이 '이득인지 손해인지, 아니면 거의 영향이 없는지'를 기준으로 상호작용을 나눕니다. 그 관계가 먹이와 직접 관련이 있는지도 같이 보지요. 대표적으로 네 가지 구분이 자주 쓰입니다. 첫째는 포식 – 피식 관계예요. 한쪽은 먹고 다른 쪽은 먹히는 관계죠. 호랑이가 멧돼지를 사냥하면 호랑이는 포식자, 멧돼지는 피식자입니다. 먹고 먹히는 관계에는 여러 형태가 포함돼요. 동물이 동물을 먹으면 육식, 동물이 식물을 먹으면 초식이에요. 상대를 죽이지 않고 몸에 붙어 영양분을 빼앗는 기생도 이 범주에 들어갑니다.

둘째는 경쟁입니다. 먹이, 물, 생활 공간처럼 한정된 자원을 두고 다투면서 서로에게 불리한 영향을 주는 관계예요. 동물은 물, 먹이, 생활 공간, 둥지 자리를 놓고 다툴 수 있고, 식물은 햇빛을 두고 경쟁하기도 합니다. 경쟁이 심해지면 어떤 종은 번식에 실패하거나 밀려나기도 해요.

셋째는 긍정적 상호작용으로, 서로에게 좋은 영향을 주는 관계예요. 모두 이익을 얻는 상리공생, 한쪽만 이익을 얻고 다른 쪽은 거의 영향을 받지 않는 편리공생이 여기에 해당해요. 식물과 균근을 만드는 균은 서로 이익이 되므로 상리공생이고, 고래와 고래 표면에 붙어 있는 따개비의 관계는 고래에게는 별다른 이익이 없고 따개비가 이익인 편리공생이에요.

넷째는 편해공생으로, 한쪽은 손해를 보지만 다른 쪽은 거의 영향을 받지 않는 관계예요. 코끼리가 이동하며 작은 식물을 밟으면 코끼리는 달라질 게 없지만 식물은 죽을 수도 있겠죠. 또, 큰 나무 아래에서 작은 식물이 빛을 못 받아 힘들어지는 경우가 이에 해당합니다.

실제로 이런 구분이 항상 칼로 자르듯 분명하지는 않아요. 같은 두 종의 관계도 상황에 따라 이익과 손해가 바뀔 수 있어요. 말미잘은 자포로 작은 물고기를 잡아먹는데, 흰동가리는 특별한 몸 표면 덕분에 말미잘 촉수 사이에서 안전하게 살 수 있어요. 흰동가리는 말미잘 덕분에 포식자를 피하고 먹이도 얻으니 이익을 보죠. 말미잘도 흰동가리가 배설하는 물질 덕분에 질소 같은 영양분을 얻습니다. 반대로 흰동가리가 말미잘이 잡은 먹이를 훔쳐 먹으면 말미잘 입장에서는 손해겠죠. 말미잘과 흰동가리처럼 서로 도움을 주다가도 한쪽이 손해를 보는 순간이 생기기도 해요. 그래서 "이 관계는 무조건 상리공생이야." 하고 단정하기는 어려워요.

종 사이의 상호작용은 결국 각 종의 개체 수와 분포를 바꾸고, 더 길게 보면 진화에도 영향을 줍니다. 다윈도 진화가 단지 기후나 추위 같은 환경 때문만이 아니라, 다른 생물과의 관계 때문에 일어날 수 있다고 봤어요. 포식자는 더 잘 잡기 위해 점점 더 빠르고 효율적으로 변할 수 있고, 피식자는 잡아먹히지 않기 위해 더 잘 숨거나 더 단단해지거나 독을 갖추는 쪽으로 변할 수 있겠죠. 이렇게 서로 압력을 주며 함께 변화하는 현상을 공진화라고 해요. 특히 오랜 기간 자주 반복되고, 결과가 생존과 번식에 크게 영향을 줄수록 공진화가 나타날 가능성이 커집니다.

　군집은 여러 종이 단순히 모여 있는 공간이 아니라, 서로 얽히고 영향을 주고받으며 생태계와 진화의 방향을 만들어가는 역동적인 무대라고 할 수 있습니다.

포식자와 피식자의 생존 전략
치열한 대결 속에서 일어난
진화의 역사

자연에서 포식자와 피식자가 만나는 순간은 언제나 긴장감이 가득해요. 포식자는 먹이를 놓치면 굶주리게 되고, 피식자는 잡히는 순간 생명이 위태로워지기 때문이죠. 그래서 포식자는 더 잘 잡는 방향으로, 피식자는 덜 잡히는 방향으로 오랜 시간 진화해 왔습니다.

먼저 포식자의 전략을 살펴볼게요. 포식자가 사냥에 성공하려면 먹이를 찾고 쫓아 붙잡는 데 쓴 에너지보다 먹이를 먹어서 얻는 에너지가 더 커야 해요. 그래서 포식자마다 사냥 방식이 다릅니다. 범고래처럼 먹이를 몰아붙이거나, 여우처럼 빠르게 달려 추격하는 포식자는 힘과 속도로 승부해요. 반대로 숨어 있다가 사냥감을 한순간에 덮치는 매복형 포식자도 있어요. 이들은 긴 추격 없이도 사냥할 수 있죠. 작은 포식자도 만만치 않습니다. 어떤 뱀은 턱이 매우 유연해 자기 머리보다 큰 먹이도 삼킬 수 있고, 뒤쥐처럼 작은 포유류는 독이 있는 침을 이용해 자기보다 큰 동물도 공격합니다.

　그렇다면 피식자는 어떻게 살아남을까요? 가장 기본적인 방법은 도망치는 거예요. 빠르게 달리거나 날아오르거나, 숨을 곳으로 재빨리 들어갑니다. 또 몸을 방패처럼 만드는 방법도 있어요. 두꺼운 피부, 단단한 껍질, 가시나 거친 털은 포식자에게 "나 쉽게 잡히지 않아!"라는 신호가 되죠. 눈에 띄지 않게 숨는 것도 아주 중요한 피식자의 전략이에요. 몸 색을 주변 환경과 비슷하게 바꾸거나, 나뭇가지 또는 잎처럼 보이게 위장합니다. 대벌레가 가지처럼 보이는 것이 대표적인 예죠. 어떤 경우에는 가만히 움직이지 않는 자체로 방어가 되기도 해요. 많은 포식자는 움직임에 민감해서, 피식자가 멈춰 있으면 눈치채지 못하는 경우가 많거든요.

　피식자 중에는 화학 무기를 쓰는 종도 있어요. 폭탄먼지벌레는 자극적인 액체를 뿜어 포식자를 놀라게 하고, 어떤 동물은 먹이에서 얻은 독성 물질을 몸에 저장해 방어에 씁니다. 갯민숭달팽이는 먹이에서 얻은 독을 모아 방어에 사용하고, 독화살개구리는 먹은 곤충에서 얻은 독 성분을 몸에 축적하는 것으로 알려져 있어요. 한 단계 더 나아가면, 아예 "나한테 독 있어요!"라고 미리 알리는 전략도 있습니다. 독이 강한 동물은 화려한 색을 띠는 경우가 많은데, 이를 경고색이라고 해요. 포식자가 특정 색의 동물을 먹고 고생한 기억이 있다면, 비슷한 무늬만 봐도 피하게 되죠.

방울뱀이 꼬리로 소리를 내서 위험을 알리는 것도 한 예입니다.

의태도 흥미로운 전략입니다. 독이 없는 종이 독이 있는 종을 흉내 내 포식자를 속이는 경우도 있고, 독이 있는 여러 종이 같은 경고 무늬를 공유하는 경우도 있어요. 이렇게 하면 포식자가 그 무늬를 더 빨리 배우고 확실히 피하게 됩니다. 독나비 무리에서 비슷한 경고 무늬가 반복해서 나타나는 것도 이런 이유예요.

피식자는 행동으로도 살아남습니다. 무리를 지어 다니면 포식자가 한 마리를 고르기 어려워지고, 경고음을 내는 개체가 있으면 모두가 빠르게 도망칠 수 있어요. 때로는 일부가 희생되는 동안 나머지가 탈출할 시간을 벌기도 하죠.

포식자와 피식자의 관계는 그냥 먹고 먹히는 관계로 끝나지 않아요. 서로를 상대로 새로운 전략이 계속 등장하고, 그 경쟁이 쌓여 지금처럼 정교한 적응이 만들어졌어요. 이는 자연의 생존 경쟁이 얼마나 치열하면서도 정교한지를 보여주는 대표적인 모습입니다.

초식
식물을 먹고 사는
다양한 동물들의 지혜

'초식동물' 하면 보통 소나 염소, 말처럼 풀을 뜯는 동물이 먼저 떠오르지요. 사실 지구에서 가장 다양하고 널리 퍼진 초식동물은 곤충이에요. 전 세계 곤충 종의 절반 이상이 식물을 먹고 살며, 잎과 줄기뿐 아니라 뿌리, 씨앗, 꽃까지 식물의 거의 모든 부분을 이용합니다. 제왕나비 애벌레는 독성이 있는 밀크위드만 먹고 자라며, 그 독 성분을 몸에 저장해 포식자를 피하기도 해요. 메뚜기떼처럼 많은 개체가 한꺼번에 이동하며 식물을 먹어치우는 경우도 있는데, 이런 현상은 농작물에 큰 피해를 주기도 합니다. 잎꾼개미는 잎을 잘라 둥지에 옮긴 다음 잎에 버섯을 길러 먹습니다. 이런 방식도 넓게 보면 초식의 한 형태예요. 곤충의 초식은 생태계의 영양분 순환과 숲의 구조에도 큰 영향을 미칩니다.

초식동물은 먹이를 얼마나 가리느냐에 따라 나눌 수 있어요. 여러 식물을 두루 먹는 초식동물은 환경 변화에 비교적 잘 적응합니다. 메뚜기는 다양한 풀잎을 먹고, 염소는 풀뿐만 아니라 나뭇잎과 어린 가지도 먹으며 척박한 곳에서도 살아갑니다. 이처럼 다양한 먹이를 이용하는 종은 서식 범위도 넓은 편이지요. 반대로 특정 식물에만 의존하는 초식동물도 있어요. 이런 동물은 그 식물의 독성 물질을 해독하거나, 오히려 몸에 저장해 방어에 활용하기도 합니다. 제왕나비 애벌레나 대나무를 주식으로 삼는 자이언트판다가 좋은 예입니다. 무엇을 먹느냐는 결국 그 동물이 어디에서, 얼마나 안정적으로 살아갈 수 있는지를 좌우합니다.

식물도 초식동물의 공격에 가만히 당하고만 있지 않아요. 선인장이나 장미, 아카시아처럼 가시가 있거나 표면이 거친 식물은 물리적으로 먹기 어렵게 만듭니다. 또 담배의 니코틴, 유칼립투스의 강한 향, 커피나무와 차나무의 카페인처럼 화학물질로 자신을 지키는 식물도 많아요. 어떤 식물은 곤충이 알을 낳으면 화학 신호를 보내 천적을 불러들이기도 하고, 벼과 식물처럼 뜯겨도 빠르게 다시 자라는 구조를 가진 경우도 있습니다.

이에 맞서 초식동물도 다양한 적응을 보입니다. 소나 사슴 같은 반추동물은 위 속 미생물의 도움으로 질긴 섬유질을 분해해 영양분을 얻고, 코알라는 유칼립투스 잎의 독을 해독할 수 있어요. 어떤 초식 곤충은 독을 몸에 저장해 무기로 쓰기도 하며, 독을 무력화하는 효소를 발달시킨 경우도 있어요. 메뚜기처럼 턱이 강하고 소화 능력이 좋은 곤충은 질긴 식물 조직을 잘게 부수고 처리해서 영양을 얻습니다. 또, 독이 약한 시기의 잎이나 덜 위험한 부위를 골라 먹는 행동으로 위험을 줄이기도 해요.

결국 초식동물과 식물은 서로를 상대로 끊임없이 대응하며 함께 진화해왔어요. 식물은 더 잘 막는 쪽으로, 초식동물은 그 방어를 더 잘 뚫는 쪽으로 변화하면서 생태계의 에너지 흐름과 영양분 순환, 생물다양성을 만들었습니다. 들판에서 풀을 뜯는 동물이나 잎을 갉는 곤충의 모습은 오랜 진화의 결과가 그대로 드러나는 장면이랍니다.

기생
숙주를 장악해서 해를 끼칠 거야!

호주에는 아주 흥미로운 이야기가 있어요. 어떤 선충이 개미 몸 속에 들어가 살면서, 개미의 배를 탐스러운 붉은 열매처럼 보이게 만듭니다. 그러면 개미는 배를 과시하며 돌아다니고, 그 모습을 본 새는 열매로 착각해 개미를 잡아먹게 되지요. 선충은 새의 장 속에서 어른이 되어 번식하고, 알은 배설물과 함께 밖으로 나옵니다. 그 알을 개미가 먹이처럼 둥지로 옮기면서 감염은 다시 이어져요.

기생말벌도 독특한 전략을 씁니다. 이 말벌은 나비나 나방 애벌레 몸속에 알을 낳고, 유충은 애벌레 안에서 자라며 숙주의 몸을 조금씩 먹습니다. 대부분의 경우 숙주는 결국 죽게 되지요. 이렇게 다른 생물의 몸을 이용해 살아가고 번식하는 생물을 기생생물 또는 기생자라고 하고, 이런 관계를 기생이라고 불러요.

놀랍게도 기생은 매우 흔한 자연현상입니다. 사람에게도 회충이나 촌충, 말라리아원충 같은 기생생물이 있고, 식물에도 벼

도열병균이나 소나무재선충처럼 큰 피해를 주는 기생자가 있어요. 민물에 사는 물벼룩에 기생하는 미생물도 있고, 다른 버섯에 붙어 모양과 맛을 바꿔 랍스터버섯처럼 보이게 하는 균류, 심지어 바이러스에 기생하는 바이러스(바이로파지)도 있습니다. 이런 사례를 보면 기생생물 역시 생물다양성의 중요한 일부라는 걸 알 수 있어요.

기생생물은 숙주에 맞춰 정교하게 적응했습니다. 촌충은 소화기관이 거의 없지만 숙주의 장에서 영양분을 직접 흡수하고, 말라리아원충은 숙주의 면역 반응을 피하려고 자신의 표면 단백질을 바꿔가며 증식해요. 어떤 기생자는 숙주의 행동을 바꾸거나 면역 반응을 약화시키고, 기생말벌은 유충이 자라는 동안 숙주가 너무 빨리 죽지 않도록 상태를 조절하기도 합니다.

물론 숙주도 가만히 있지 않아요. 사람과 같은 포유류는 면역계로 기생생물을 찾아내 제거하려 하고, 식물은 감염 부위 주변 세포를 일부러 죽여 확산을 막는 과민반응을 보이기도 해요. 그래서 잎에 둥근 반점이 생기거나 특정 부분만 마른 것처럼 보이면 식물이 방어한 흔적일 수 있어요. 곤충 역시 기생말벌의 알을 면역세포로 감싸 성장을 막거나, 기생자가 싫어하는 물질을 만들어 대응합니다.

이처럼 기생자와 숙주는 서로 공격하고 막아내는 과정을 반복해왔어요. 이런 관계는 진화적 줄다리기에 비유되며, 여기서 나온 개념이 '붉은 여왕 가설'입니다. 기생자에게 계속 쫓기기 때문에 숙주도 멈추지 않고 변화해야 살아남는다는 생각이지요. 특히 유성생식은 유전자 조합을 다양하게 만들어서 기생자가 한 가지 유형만 노리기 어렵게 합니다. 그래서 생물이 유성생식을 진화시키게 된 원인이 기생 때문이라는 주장도 있습니다.

결국 기생은 단순히 부정적인 관계가 아니라, 경쟁을 통해 생태계를 더 복잡하게 만들고 새로운 적응과 생물다양성을 낳는 중요한 요인입니다. 기생은 자연의 균형과 진화를 이해하는 데 꼭 필요한 열쇠랍니다.

078

경쟁과 공생
나는 나무 위쪽에 살게
너는 아래쪽에 살면 어때?

아프리카 사바나를 다룬 다큐멘터리를 보면 동물들이 먹이를 두고 다투는 장면이 자주 나오지요. 영양이나 얼룩말은 서로 다른 종이지만 사바나에 풀이 한정되어 있기 때문에 같은 풀을 먹으려고 경쟁하게 됩니다. 이렇게 같은 지역에서 비슷한 자원을 차지하려고 부딪히는 일을 경쟁이라고 해요. 경쟁은 서로 만나는 양쪽 모두에게 손해가 되는 관계라고 볼 수 있습니다. 경쟁이 벌어지면 에너지는 더 들고, 먹이나 공간은 더 부족해져서 살아남고 자손을 남기기가 어려워지기 때문이에요.

경쟁은 자원이 부족할 때 나타나요. 여기서 자원이란 먹이뿐 아니라 물, 공간, 빛, 영양분처럼 생물이 살고 번식하는 데 꼭 필요한 모든 것을 뜻해요. 그래서 어떤 종이 어디서 살고, 무엇을 먹고, 언제 활동하는지 같은 생활 방식이 겹치면 경쟁이 더 심해집니다. 예를 들어 같은 숲에서 여러 새가 똑같은 곤충을 노리면 부딪히기 쉽고, 초원에서는 여러 초식동물이 같은 풀을 먹으면서 경쟁하게 되지요. 바다에서도 산호초 근처에서 여러 물고기가 같은 먹이를 두고 다투는 일이 흔합니다.

경쟁이 계속되면 결과는 크게 두 방향으로 나뉩니다. 한쪽이 완전히 밀려나 사라지는 경우가 있는데, 이를 경쟁 배타라고 해요. 비슷한 역할을 하는 두 종이 같은 자리를 오랫동안 함께 쓰기는 어렵기 때문이지요. 다른 하나는 서로의 충돌을 줄이기 위해 자원을 나눠 쓰는 방향으로 바뀌는 경우입니다. 같은 나무에 사는 새들이 높이가 다른 곳에서 먹이를 찾거나, 어떤 종은 아침에 주로 활동하고 다른 종은 오후에 더 활동하는 식으로 겹침을 줄일 수 있어요. 이렇게 자원을 나눠 쓰면 경쟁은 약해지고, 함께 살아갈 가능성은 커집니다.

자연에는 경쟁만 있는 것은 아닙니다. 앞서 살펴본 것처럼 한쪽 또는 양쪽에게 이익이 되는 공생 관계도 많아요. 한 종만 이익을 보고 다른 종은 거의 영향을 받지 않기도 하는데, 빨판상어가 상어를 따라다니며 먹이 찌꺼기를 얻는 모습이 그 예예요. 반대로 한쪽은 손해를 보지만 다른 쪽은 별다른 영향을 받지 않는 관계도 있고, 두 종이 모두 이익을 얻는 관계도 있어요. 개미와 아프리카의 아카시아 나무는 서로를 보호하고 먹이를 제공하며 살아가는데, 이런 관계는 대표적인 상리공생입니다. 참고로, 여기서 말하는 아카시아는 우리나라에서 흔히 아카시아라고 부르는 아까시나무와는 완전히 다른 종이에요.

꽃식물(속씨식물)과 곤충의 관계는 공생과 공진화를 이해하기에 좋은 예입니다. 이전에 얘기한 것처럼 곤충은 꽃에서 꿀과 꽃가루를 얻고, 식물은 곤충이 꽃가루를 옮겨줘 번식에 성공하지요. 결국 경쟁과 공생은 생태계를 움직이는 중요한 힘입니다. 경쟁은 누가 어디서 얼마나 살 수 있는지, 어떤 자원을 어떻게 쓰는지를 정하고, 공생은 생태계를 더 안정적으로 만듭니다. 이 두 관계를 함께 보면, 자연은 단순히 '강한 자가 이긴다.'라는 식으로 돌아가지 않고, 협력과 경쟁이 동시에 얽힌 복잡한 연결망이라는 사실을 알 수 있어요.

079

생태계와 생물군계
자연에도 일정한 패턴이 있어요

초가을, 한국 숲에 들어가면 상수리나무와 참나무, 단풍나무가 빽빽하게 서 있고, 나뭇잎이 바람에 흔들리면서 그 사이로 반짝이는 빛과 그늘이 번갈아 나타나요. 나무가 맺는 도토리는 다람쥐와 청설모의 중요한 먹이가 되고, 이 동물들은 씨앗을 옮기거나 땅에 묻기도 합니다. 그러다 이들은 올빼미나 담비, 삵 같은 포식자의 먹이가 되기도 하지요. 숲 바닥에 쌓인 낙엽과 죽은 생물의 몸은 균류와 세균이 분해해 흙의 영양분으로 되돌립니다. 이렇게 생긴 무기물은 다시 식물의 뿌리에 흡수되고, 식물은 광합성을 통해 숲 전체에 에너지를 공급해요. 그래서 숲에서 물질은 계속 순환하고, 에너지는 한 방향으로 흐릅니다. 이런 연결을 이해하는 데 먹이사슬 개념이 도움이 됩니다.

지구에는 이런 숲 말고도 다양한 생태계가 존재해요. 이런 차이는 주로 태양 에너지가 얼마나 들어오는지, 그리고 기온과 강수량이 어떤지에 따라 생깁니다. 적도 근처는 햇빛이 강하고 덥고 습해서 열대우림이 발달합니다. 그래서 식물과 동물이 다양하고 촘촘한 생태계를 만들어요. 반대로 북쪽이나 높은 곳처럼 추운 지역은 땅이 거의 항상 얼어 있는 영구동토층이어서 큰 나무가 자라기 어렵고, 이끼나 지의류, 작은 관목 같은 식물이 짧은 여름 동안만 자랍니다. 기후가 다르면 그곳에 살 수 있는 생물과 생태계의 모습도 완전히 달라집니다.

생태학에서는 이런 큰 규모의 생태계를 생물군계라고 불러요. 생물군계는 비슷한 기온과 비의 양을 가진 지역에서 비슷한 식물과 동물이 반복해서 나타나는 큰 생태계 유형입니다. 생물군계를 알면, 지구 곳곳의 생태계를 한눈에 이해하기가 훨씬 쉬워져요.

대표적으로 열대우림, 사바나, 사막, 온대림, 온대초원, 북방침엽수림(타이가), 툰드라 등이 있어요. 열대우림은 따뜻하고 비가 많이 와서 생물이 풍부하고, 사바나는 비가 오는 시기와 안 오는 시기가 뚜렷해서 풀과 나무가 넓게 펼쳐집니다. 사막은 비가 거의 안 와서 물을 아끼는 생물이 살아갑니다.

온대림은 우리나라처럼 사계절이 뚜렷한 곳에서 나타나고, 가을에 잎이 떨어지는 낙엽활엽수가 많아요. 온대초원은 비가 아주 적지는 않지만 나무가 크게 자라기에는 부족해서 풀이 주로 자랍니다. 또한 그 풀을 먹는 초식동물과 이들을 노리는 육식동물이 함께 살아요.

타이가는 겨울이 길고 추운 지역이라 침엽수가 넓게 분포하며 큰 포유류도 많이 살아요. 툰드라는 극한의 추위 때문에 작은 식물만 자랄 수 있습니다.

생태계 다양성은 기후와 지형의 차이에서 비롯됩니다. 생물 군계를 이해하면, "이 지역에는 왜 이런 생물이 살까?"라는 질문의 답을 찾기가 쉬워집니다. 또, 자연을 지키는 방법도 함께 고민할 수 있어요.

열대우림
지구의 기후를 조절하는
따뜻하고 우거진 숲

"후우와아아~ 오오오~""와아아웅~" 하는 소리가 빽빽한 숲속
에 울려 퍼집니다. 나무들이 서로 엉켜 하늘까지 솟아 있어서 한
낮인데도 숲 안은 어둡고, 햇빛이 바닥까지 잘 내려오지 않아요.
동남아시아 열대우림의 풍경입니다. 이런 곳에서 긴팔원숭이(기
번)가 왜 그렇게 큰 소리로 우는 걸까요? 그 이유는 숲이 너무 빽
빽하고 어두워 서로 얼굴을 보며 신호를 주기 어려워서입니다.
멀리까지 들리는 울음으로 "나 여기 있어!" 하고 위치를 알리고,
"여긴 내 영역이야!" 하며 경계를 표시하고, "짝을 찾는다!"라는
신호를 전달하는 똑똑한 의사소통 방법이지요. 실제로 긴팔원숭
이 울음은 몇 킬로미터 밖에서도 들릴 만큼 크고 맑습니다.

열대우림은 1년 내내 덥고 비가 많이 와서 식물들이 빠르게
자라 숲이 울창합니다. 그러나 토양 자체에는 영양분이 많지 않
아요. 따뜻하고 습한 환경에서 미생물, 곰팡이, 곤충이 열심히 일
해서 낙엽과 죽은 동물을 금세 분해해 오래 쌓이지 않고, 식물과

균류가 그 영양분을 바로 흡수해서 다시 자라는 데 쓰기 때문이에요. 그래서 열대우림의 영양분은 흙에 저장되기보다는 살아 있는 생물들 사이에서 빠르게 돌며 숲이 무성할 수 있게 합니다. 하지만 숲이 크게 파괴되면 남은 토양만으로는 영양분이 부족해서 회복이 어렵습니다.

열대우림은 지구에서 생물종이 가장 다양한 곳이기도 합니다. 아마존만 해도 육상 생물 종의 절반 이상이 살고, 나무 종류가 매우 다양하며 층층이 자라 숲 위와 아래가 완전히 다른 세상처럼 느껴집니다. 나무 위에는 나무늘보가 거의 땅으로 내려오지 않으며 잎을 먹고 살고, 공중에는 화려한 앵무새가, 땅에는 재규어 같은 포식자가, 곳곳에는 수많은 곤충과 작은 포유류가 함께 살아갑니다. 독을 가진 독화살개구리처럼 위험한 동물도 있고, 아직 이름 없는 생물도 많습니다. 열대우림은 생물다양성의 보물창고예요.

안타깝게도 열대우림은 빠르게 사라지고 있어요. 농지, 목축지를 넓히는 일이 많고, 팜유 같은 작물을 대규모로 심는 플랜테이션을 만들기 위해 벌목이 이어집니다. 도로와 도시 확장으로 숲이 잘려 나가기도 해요. 여기에 불법 벌목과 산불까지 더해지면 숲이 더 빨리 사라지겠지요. 이렇게 숲이 줄면 그곳에 살던 동식물도 서식지를 잃어 멸종 위험이 커집니다.

열대우림을 지키는 일은 사람의 미래와도 연결됩니다. 광합성으로 이산화탄소를 흡수해 지구온난화를 완화하는 데 도움이 되고, 수증기를 내보내 비가 내리는 방식에도 영향을 주지요. 또 수많은 생물의 집이 되어 생물다양성을 유지하고, 약이나 새로운 재료가 될 생물자원도 제공합니다.

열대우림이 파괴되면 기후 위기가 더 심해질 수 있고, 숲이 건강해야 지구도 건강하게 숨 쉬며 우리도 그 속에서 자연의 혜택을 누리며 함께 살아갈 수 있습니다. 그래서 열대우림을 건강하게 지키고, 꼭 필요한 때는 지속 가능한 방식으로 이용해야 해요. 긴팔원숭이의 울음, 미생물의 분해, 동식물의 생활이 이어지는 이 숲은 눈부신 생명력과 복잡한 관계가 얽혀 있는, 지구에서 가장 큰 생명 네트워크 중 하나라는 사실을 기억해야 합니다.

#교과 #생물의_구성 #생물의_다양성 #동물과_에너지 #식물과_에너지 #진화 #생식

온대초원

열대와 한대 사이,
온화한 풀밭이 펼쳐진 곳

북아메리카 대륙 한가운데를 가로지르는 대초원은 끝없이 펼쳐진 풀들이 파도처럼 일렁이던 곳입니다. 계절마다 철새들이 하늘을 메우며 이동하고, 그 아래로 들소 무리가 장엄한 줄을 지어 지나갔지요. 땅속에서는 프레리도그라는 설치류가 복잡한 미로 굴을 파서 올빼미와 뱀에게 쉼터를 내어주었어요. 초원을 따라 흐르는 강가에서는 비버가 나무를 모아 댐을 쌓고 작은 습지를 만들어 수많은 새를 불러모았습니다. 이처럼 초원은 단순한 풀밭이 아니라, 수많은 생명이 촘촘하게 얽혀 살아가는 역동적인 생태계입니다.

온대초원은 사계절이 뚜렷하며 연간 강수량이 250~270밀리미터 정도인 지역에서 형성됩니다. 여름은 덥고 건조하며 겨울은 추워 나무가 숲을 이루기엔 조건이 까다롭지만, 풀들에게는 최적의 환경이지요. 이곳에서는 키 큰 여러해살이풀을 중심으로 초식동물과 포식자, 곤충과 미생물이 거대한 먹이사슬을 이룹니다.

흥미로운 점은 '불'의 역할입니다. 번개로 시작된 자연 화재는 나무가 초원으로 들어오는 것을 막고, 쌓인 유기물을 태워 풀들이 다시 새싹을 틔우도록 돕습니다. 초원 식물들은 불이 지나간 뒤에도 살아남아 빠르게 발아하도록 진화한 셈입니다.

이런 온대초원은 세계 곳곳에서 저마다의 이름으로 불립니다. 유라시아 대륙 중앙의 '스텝', 아르헨티나의 '팜파스', 남아프리카의 '벨트', 그리고 호주의 '다운스'가 대표적입니다. 지역마다 사는 동물은 조금씩 달라서 어떤 곳에는 가젤 같은 초식동물이 살고, 어떤 곳에서는 캥거루나 에뮤처럼 그 지역을 대표하는 동물이 살아요. 하지만 나무 대신 풀이 지배하는 광활한 평야라는 공통점이 있습니다.

안타깝게도 오늘날 온대초원은 지구상에서 가장 위협받는 생태계 중 하나입니다. 땅이 평평하고 토양이 비옥해 농사짓기에 너무나 좋기 때문입니다. 북미 대초원의 상당 부분은 이미 옥수수와 밀을 기르는 대규모 농지로 변했고, 그 과정에서 들소 같은 동물은 개체 수가 크게 줄어 한때 멸종 직전까지 몰리기도 했어요. 프레리도그처럼 굴을 파고 살던 동물들도 터전을 잃었습니다. 유라시아와 남미 역시 개발의 물결을 피하지 못했습니다. 그 결과, 본래의 모습을 간직한 온대초원은 이제 지구 전체에서 1%도 채 남지 않은 희귀한 생태계가 되고 말았습니다.

다행히 세계 곳곳에서 초원을 되살리려는 노력이 이어지고 있습니다. 북미에서는 국립공원과 보호구역을 지정해 들소를 다시 들여오고, 파괴된 풀밭을 복원하는 활동을 진행하고 있어요. 다른 지역에서도 법이나 제도를 통해 보호 범위를 넓히고 지역 주민들에게 초원의 가치를 알리는 교육과 캠페인을 벌입니다.

　초원은 수많은 생명의 집이자 지구의 건강을 지탱하는 소중한 자산입니다. 우리가 초원을 지키는 일은 단순히 풀을 보호하는 것을 넘어, 미래 세대에게 건강하고 다양한 생물다양성을 물려주는 책임감 있는 약속이 될 것입니다.

툰드라
꽁꽁 얼어 있다가 반짝, 짧은 여름 동안 초록을 빛내요

시베리아나 캐나다 북부의 여름을 떠올리면 해가 지지 않는 백야 때문에 주변이 환한 장면이 먼저 떠오를 수 있어요. 그 밝고 고요한 풍경을 깨는 소리가 있습니다. 바로 윙윙거리는 모기 소리예요. 겨울 내내 얼어붙었던 땅이 짧은 여름 동안 살짝 녹으며 생긴 수많은 물웅덩이가 모기 유충의 천국이 되기 때문이죠. 이처럼 짧은 여름에 생명이 폭발적으로 쏟아져 나오는 극단적인 계절성을 가진 지역을 우리는 '툰드라' 생물군계라고 부릅니다.

툰드라는 북극해 주변의 높은 위도 지역, 즉 고위도 지역인 북극권 가까운 육지에 펼쳐진 생물군계에요. 시베리아, 캐나다 북부, 알래스카, 그린란드 일부, 북유럽 일부 지역이 대표적입니다. 이곳은 연평균 기온이 매우 낮고 강수량도 적지만, 무엇보다 땅속 깊은 곳이 일 년 내내 얼어 있는 영구동토층이 가장 큰 특징입니다. 여름이 와도 땅은 표면의 얇은 층만 잠시 녹을 뿐입니다. 그래서 식물이 뿌리를 깊게 내리기 어렵고, 녹은 물이 땅속으로

스며들지 못해 지표면에는 거대한 습지와 웅덩이가 만들어집니다. 이런 혹독한 조건 탓에 툰드라에는 추위와 강풍, 짧은 성장 기간을 견뎌낼 수 있는 강인한 생물만이 선택적으로 살아남습니다.

툰드라에서는 키가 큰 나무보다 바람을 피해 땅에 바짝 붙어 자라는 지의류, 이끼, 낮은 관목이 주로 자랍니다. 몸을 높이 올리기보다는 땅을 덮은 카펫 같이 퍼져 있는 모습이죠.

동물들의 적응력도 놀랍습니다. 북극여우와 순록, 레밍, 눈토끼가 잘 알려져 있는데, 지역에 따라 북극곰도 등장해요. 이들은 추위를 견디기 위해 두꺼운 털과 지방층을 갖추거나, 열 손실을 줄이기 위해 귀나 다리가 짧게 진화했어요. 겨울이면 눈밭에 숨기 위해 털색을 하얗게 바꾸기도 합니다. 여름이면 풍부해진 곤충을 먹기 위해 수많은 철새가 번식을 하러 툰드라로 찾아오기도 해요.

하지만 최근 툰드라는 기후변화라는 직격탄을 맞고 있습니다. 북극권 온도가 전 세계 평균보다 빠르게 상승하며 영구동토층이 녹아내리고 있기 때문입니다. 땅이 녹아내리면 환경이 달라지면서 툰드라에 살던 동식물의 서식지가 줄어들고, 툰드라 대신 관목이 더 우거지거나 숲처럼 바뀌는 일도 생길 수 있어요. 또한 서식지 파괴를 넘어 심각한 문제를 야기합니다. 땅속에 갇혀 있던 메탄과 이산화탄소가 대기 중으로 방출되어 지구 온난화를 더욱 가속할 수 있기 때문입니다. 철새들의 번식지 감소 역시 전 지구적인 생태계 불균형으로 이어지고요.

결국 툰드라는 단순히 얼어붙은 불모지가 아니라, 극한의 환경에 적응한 생명들의 특별한 생존 전략이 모인 보고입니다. 동시에 지구의 기후와 생물다양성이 얼마나 위태로운지를 보여주는 가장 민감한 지표이기도 하죠. 툰드라의 변화에 우리가 귀를 기울여야 하는 이유가 바로 여기에 있습니다.

풍요로운 생명의 보고,
그 균형을 지켜야 해요

지구 표면의 약 70%를 덮고 있는 바다는 생물들의 거대한 집입니다. 바다는 물의 특성상 열을 천천히 머금고 천천히 식히기 때문에 기온 변화가 비교적 완만해 생물이 살기에 안정적이며, 위아래로 깊게 펼쳐진 3차원 공간이라 생물이 살 공간을 다양하게 나눠 가질 수 있어요. 특히 물의 부력은 육지처럼 튼튼한 뼈가 없어도 거대한 몸집을 지탱해주어, 대왕오징어나 향유고래 같은 대형 생물이 살 수 있게 합니다.

바다는 생존에 까다로운 조건도 갖추고 있습니다. 육지와 가까운 바다인 연안은 강물이나 비가 섞이면서 염도가 자주 바뀌고, 육지에서 흘러온 오염물질 유입이 잦아요. 심해로 갈수록 수압은 세지며 빛과 산소가 줄어 광합성이 거의 불가능합니다. 심해 생물들은 위쪽에서 떨어지는 유기물 부스러기에 의존해 살아갑니다. 게다가 바닷물의 산성도(pH), 염도, 물의 밀도 같은 조건이 조금만 달라져도 생물에게는 큰 스트레스가 될 수 있지요. 생물에게는 끊임없이 적응해야 하는 치열한 환경입니다.

해양 생물들은 이 가혹한 조건에 놀라울 만큼 적응해 살아갑니다. 심해의 아귀는 몸에서 빛을 내는 기관을 가지고 빛으로 먹이를 유인합니다. 심해 생물은 높은 수압을 견디려 몸을 유연하게 진화시켰습니다. 반대로 파도가 치는 조간대에서는 파도에 휩쓸리거나 햇볕에 말라버리지 않도록 단단한 껍질이나 끈끈한 점액막으로 몸을 보호하는 생물이 많습니다. 갯벌에 사는 망둑어나 갯지렁이는 땅을 파고 숨어 지내거나, 물때에 맞춰 잠깐씩 빠르게 움직여요. 산호초에 사는 물고기들은 복잡한 지형에 맞춰 화려한 색과 모양으로 자신을 숨깁니다. 해양 생물의 역사는 곧 환경에 맞춘 생존 전략의 기록입니다.

바다 서식지는 육지와의 거리와 깊이에 따라 나뉩니다. '바다의 열대우림'이라 불리는 산호초와 연안 습지는 햇빛이 잘 들고 환경이 다양해서 생물다양성이 가장 높습니다. 조간대에는 고둥이나 게, 불가사리 같은 무척추동물이 많고 해조류 숲이나 맹그로브에는 어린 물고기들이 자라거나 알을 낳는 바다의 보육원 역할을 해요. 반면 먼 바다로 나가면 표층에 햇빛이 닿아서 플랑크톤이 잘 자랍니다. 플랑크톤을 중심으로 이를 먹는 작은 생물들이 모이면서 참치와 돌고래, 오징어도 활발히 살아가요. 더 깊이 내려가면 빛이 거의 사라집니다. 심해 바닥의 '열수분출구'에서는 땅속 틈에서 뜨거운 물과 화학물질이 솟아나요. 이곳에서는 태양 에너지 대신 지구 내부의 화학물질로 에너지를 만드는 독특한 화학합성 생태계가 펼쳐집니다. 바다 바닥 가까운 저서 환경이나 북극해·남극해 같은 극지 바다도 추위와 얼음 같은 조건 때문에 또 다른 특징을 가진 서식지가 돼요.

오늘날 바다는 남획, 플라스틱 오염, 해안 개발로 신음하고 있습니다. 특히 기후변화로 인한 수온 상승은 산호를 하얗게 변해 죽게 만드는 백화현상을 일으키고, 해양 산성화는 조개나 산호가 껍질을 만드는 것을 방해합니다. 먹이사슬의 기초인 플랑크톤이 흔들리면 바다 전체의 균형이 무너질 수 있다는 점이 가장 큰 위협입니다. 여러 나라 과학자들이 바다를 지키기 위해 해양 보호구역을 지정하고 남획을 규제하며 위성 사진이나 심해 탐사, 바다에 첨단 기술을 활용해 감시하고 있습니다. 우리도 일상에서 일회용 플라스틱을 줄이고 해양 보호 활동에 관심을 가지며 바다를 돕는 데 보탬이 될 수 있어요.

바다는 단순히 먹거리를 주는 곳을 넘어, 지구의 산소를 공급하고 기후를 조절하는 소중한 공간입니다. 바다의 평화가 깨지면 인간의 삶도 지속될 수 없음을 기억하고, 일상의 작은 실천부터 시작해야 합니다.

엘니뇨와 라니냐
지구가 우리에게 보내는
뜨겁고 차가운 신호

1997년, 인도네시아는 거대한 산불 연기로 낮에도 뿌연 암흑에 갇혔습니다. 반면 비슷한 시기에 지구 반대편 페루와 에콰도르에서는 기록적인 폭우로 마을이 물에 잠겼죠. 이 극단적인 날씨의 배후에는 바로 엘니뇨가 있었어요. 엘니뇨는 단순한 기상 이변을 넘어, 지구 전체의 날씨 흐름을 뒤흔드는 거대한 기후 변동입니다.

엘니뇨는 남아메리카 인근, 특히 페루 근처의 동태평양 바닷물이 평소보다 따뜻해지는 현상입니다. 원래 열대 태평양에는 무역풍이 동쪽에서 서쪽으로 불며 따뜻한 바닷물을 인도네시아 쪽으로 밀어냅니다. 그 덕분에 서태평양은 비가 자주 오고, 반대로 페루 연안은 깊은 바다의 차가운 물이 올라오는 용승 현상 덕분에 영양분이 풍부해져 풍성한 어장이 형성됩니다. 플랑크톤과 멸치가 풍부한 좋은 어장이에요.

하지만 엘니뇨가 오면 무역풍이 약해져 서쪽의 따뜻한 물이 다시 동쪽으로 흘러갑니다. 이로 인해 페루에는 폭우와 홍수가, 인도네시아와 호주에는 극심한 가뭄과 산불이 닥치게 됩니다.

라니냐는 엘니뇨와 정반대 현상입니다. 무역풍이 평소보다 훨씬 강해져 동태평양의 바닷물이 유난히 차가워지죠. 이때는 서태평양에 따뜻한 물이 과하게 몰려 인도네시아나 필리핀에 홍수 위험이 커지고, 남아메리카는 가뭄에 시달립니다. 이러한 바다와 대기의 거대한 흔들림을 남방진동이라 부르며, 이는 북미의 한파나 아프리카의 강수 패턴, 심지어 극지방의 얼음 분포에까지 영향을 미칩니다. 우리나라에서도 비가 오는 양이나 기온이 평소와 다르게 나타나는 일이 관찰되곤 해요.

최근 더 큰 걱정거리는 엘니뇨나 라니냐가 지구온난화와 결합하는 것입니다. 지구가 뜨거워지면서 바다가 더 많은 열을 품게 되고, 그 결과 엘니뇨와 라니냐가 더 강해지거나, 나타나는 시기와 지속 시간이 들쑥날쑥해질 가능성이 커요. 최근에는 영향력이 막강한 슈퍼 엘니뇨가 등장하고 라니냐가 이례적으로 길게 이어지기도 했어요. 예측하기 힘든 기후의 변동성이 더욱 커진 셈입니다.

이런 변화는 생태계에 치명적입니다. 엘니뇨로 페루 연안의 수온이 오르고 용승이 약해지면 바다의 영양분 공급이 줄어들 수 있어요. 그러면 멸치 같은 물고기가 급감하고, 이를 먹고 사는 바닷새나 바다표범도 떼죽음을 당하죠. 육지에서는 가뭄으로 약해진 열대우림이 불타며 서식지가 더 쉽게 파괴되고, 그 숲에 기대어 살던 동물들도 큰 피해를 봅니다. 바다에서는 수온이 갑자기 올라가면 산호가 스트레스를 받아 하얗게 변해 죽는 백화현상이 나타나고 회복이 잘 되지 않으면 산호와 함께 주변에 살던 물고기와 무척추동물도 함께 줄어 해양 생물다양성이 무너집니다.

결국 엘니뇨와 라니냐는 어느 지역의 특이한 날씨가 아니라 지구 생태계와 인간의 삶이 얼마나 긴밀하게 연결되어 있는지를 보여주는 지표입니다. 바다의 온도 변화가 우리 집 앞마당의 날씨와 식탁 위의 수산물까지 결정한다는 사실을 이해한다면, 기후 위기에 대응하는 우리의 자세도 조금은 달라지지 않을까요?

이기적 유전자

친척을 도와 유전자를 퍼뜨리고 밈, 모방과 확산을 통해 살아남죠

인터넷에서 유행하는 '밈meme'이라는 단어가 사실은 1976년에 나온 과학 도서에서 시작되었다는 점을 알고 있나요?

영국의 진화생물학자 리처드 도킨스는 저서 《이기적 유전자》를 통해 생물학을 넘어 인간의 문화까지 설명하는 혁신적인 관점을 제시했습니다. 이 책은 진화의 주인공이 인간이나 동물이 아닌, 우리 몸속의 유전자라고 주장합니다. 도킨스는 생명체를 "유전자를 운반하는 존재"로 정의합니다. 쉽게 말해, 동물이나 식물 같은 개체가 주인공이라기보다는 그 안의 유전자가 다음 세대로 얼마나 많이 복제되어 살아남는지가 핵심이라는 것이지요.

도킨스는 유전자가 마치 자기 복사에 성공하려고 애쓰는 것처럼 보인다며 '이기적'이라는 표현을 썼어요. 여기서 이기적이라는 표현은 유전자가 욕심을 부린다는 뜻이 아닙니다. 결과적으로 더 많은 복제본을 남기는 유전자만이 자연선택되어 살아남는 원리를 비유한 거예요. 이 관점은 동물의 이타적 행동도 새롭게 해석합니다. 겉으로 착해 보이는 행동도 다른 시각에서 설명합니다. 부모가 자식을 돌보거나 동물이 친척을 돕는 이유는, 남을 위해 자신을 희생한다기보다는 "유전자를 많이 공유하는 존재가 살아남아야 내 유전자도 더 잘 남는다."라는 전략이라는 것이죠. 이런 생각은 친족 선택 이론을 이해하는 데 도움을 주고 동물 사회 행동 연구에도 큰 영향을 줬어요. 친족 선택이란 가까운 친척에게 이타적 행동을 하는 이유를 설명하는 진화생물학 이론이에요. 이 개념은 생물학자들이 동물의 복잡한 사회적 행동을 이해하는 데 큰 열쇠가 되었습니다.

도킨스는 여기서 더 나아가 "유전자가 퍼지듯 문화도 퍼질 수 있지 않을까?" 하는 가설을 세웁니다. 유전자가 정자와 난자를 통해 전달되듯, 생각이나 습관도 모방을 통해 뇌에서 뇌로 전달된다는 의미죠. 그는 이 문화 단위를 '밈'이라 이름 붙였습니다. 밈은 단순히 웃긴 사진이나 유행어가 아니라 말하는 방식, 습관, 놀이, 종교적 의식까지 포함돼요. 누군가의 행동이나 생각이 다른 사람에게 옮겨가고, 조금씩 바뀌며 널리 퍼지는 거예요.

디지털 시대의 인터넷 밈은 도킨스의 밈 개념이 디지털 세상을 만나 폭발적으로 확장된 사례입니다. 재미있는 영상이나 사진이 순식간에 복사되고, 변형되며, 인기 있는 것만 살아남는 과정은 생물의 진화와 매우 닮아 있습니다.

결국 《이기적 유전자》는 진화의 주체를 개체에서 유전자로 옮겨놓음으로써 우리가 세상을 보는 시각을 완전히 바꾸었습니다. 생물학적 유전자와 문화적 밈이 얽히며 만들어내는 세상, 그 흥미로운 연결고리를 이해한다면 여러분이 매일 접하는 인터넷 공간도 생태학적인 관점으로 새롭게 보일 거예요

호기심이 만든 과학,
동물을 통해 우리를 돌아봐요

"우리 집 고양이는 왜 저럴까?" 하고 고개를 갸웃한 적 있나요? "어떻게 알고 저렇게 행동하지?" 싶은 순간도 있었을 거예요. 동물행동학은 바로 그런 궁금증에서 출발해, 동물이 왜 특정 행동을 하는지 과학적으로 파고드는 학문입니다.

1940년대 여름, 오스트리아의 동물학자 콘라드 로렌츠는 갓 부화한 회색거위 새끼들이 자신을 엄마처럼 줄줄 따라다니는 것을 관찰했습니다. 태어나서 처음 본 대상을 어미로 인식하는 이 신기한 현상을 그는 '각인(imprinting)'이라 이름 붙였고, 이는 동물의 본능과 학습에 대한 전 세계적 관심을 불러일으켰습니다.

동물행동학은 로렌츠와 니콜라스 틴버겐, 카를 폰 프리슈 같은 과학자들이 체계화했습니다. 틴버겐은 본능적 행동이 어떤 자극에서 시작되는지 실험으로 밝혀냈고, 반복해서 나타나는 행동을 설명하는 중요한 개념들을 정리했어요. 폰 프리슈는 꿀벌이 '8자 춤'으로 꽃의 방향과 거리를 다른 벌에게 알린다는 사실을 밝혀냈습니다. 이는 동물의 의사소통 능력을 보여주는 대표적인 발견이 되었죠. 이 세 사람은 공로를 인정받아 1973년 노벨 생리·의학상을 공동 수상하며 현대 동물행동학의 창시자로 자리 잡았습니다.

동물을 이해하는 데는 몇 가지 핵심 개념이 쓰입니다. 특정 자극에 생각할 틈도 없이 자동 반응하는 '고정행동패턴'이 있고 '각인'은 거위 새끼처럼 생애 초기 특정 대상이나 신호를 강렬히 기억하는 현상이에요. 각인은 해당 시기가 지나면 잘 일어나지 않습니다. 그리고 실제보다 과장된 가짜 자극에 더 강하게 반응하는 '초정상자극' 등이 대표적입니다. 실제 알보다 더 크고 화려한 가짜 알에 새가 더 집착하는 식이에요. 이러한 원리들은 동물이 세상을 어떻게 인식하고 선택하는지 보여줍니다.

동물행동학의 연구 범위는 매우 넓어요. 새의 노래나 개미의 페로몬이 어떻게 정보를 전달하는지 의사소통을 연구하고, 학습과 본능 연구에서는 동물의 행동이 태어날 때부터 정해지는지 경험을 통해 배우는 것인지 구분하려 합니다. 실험쥐가 미로를 반복해서 경험하며 점점 길을 잘 찾게 되는 것은 반복 학습의 결과입니다. 또 개미나 벌처럼 집단으로 사는 동물, 늑대처럼 무리를 이루는 동물의 협력과 경쟁, 역할 분담 같은 사회적 행동을 두루 살핍니다. 적은 에너지로 많은 영양을 얻는 먹이 찾기 전략이나 공작처럼 화려함을 뽐내는 짝짓기 행동 역시 진화의 관점에서

탐구하는 중요한 주제입니다. 이러한 연구는 현실에서도 유용하게 쓰입니다. 동물이 언제 스트레스 받고 어떤 길로 이동하며, 번식 시기는 언제인지를 파악해 야생동물 보호 전략을 세우거나 동물원의 환경을 자연스럽게 개선해 복지를 높이는 데 활용됩니다. 동물원이나 수족관에서는 동물이 지루하지 않도록 환경을 조성하고 다양한 행동을 할 수 있게 도와주는 방식으로 이용되지요. 공격성이나 두려움에서 기인한 반려동물의 문제 행동 교정은 물론, 최근에는 동물의 행동 원리를 본떠 인공지능이나 로봇이 스스로 판단하고 움직이게 만들려는 연구도 활발합니다.

결국 동물행동학은 "동물이 왜 저럴까?"라는 질문에서 시작해, 생명체가 살아남기 위해 쌓아온 정교한 생존 전략과 진화의 역사를 보여줍니다. 인간 역시 생물의 한 부분이기에, 동물을 이해하는 과정은 결국 우리 자신의 행동을 깊이 돌아보는 데도 큰 도움이 됩니다.

자연보호지구와 국립공원
자연을 지키는 최전선
우리는 자연과 함께할 수 있을까?

국립공원 입구에 들어서면 "야생 동식물 채집 금지" "탐방로 이탈 금지" 같은 안내문을 자주 마주하게 됩니다. 이런 문구는 단순한 잔소리가 아니라, 국립공원이 사람들을 위한 휴식 공간인 동시에 동식물이 안전하게 살아갈 수 있도록 국가가 지정해 지켜주는 '보호구역'임을 상기시켜줍니다. 이곳에서는 동물을 잡거나 식물을 캐는 행위, 서식지를 망가뜨리는 행동, 쓰레기를 버리는 일이 법으로 엄격히 금지됩니다. 덕분에 수많은 생물이 인간의 간섭으로부터 벗어나 비교적 안정적으로 삶을 이어가고 번식할 수 있습니다.

자연보호구역은 크게 국립공원 같은 공원 형태와 보다 엄격하게 관리되는 '자연보호지구' 형태로 나뉘어 운영됩니다. 국립공원은 자연생태계와 경관이 특히 뛰어난 지역을 국가가 지정해 보호하는 제도로, 사람들이 자연의 아름다움을 즐길 수 있도록 탐방로와 안내 시설을 함께 갖추는 편입니다. 반면 자연보호

지구는 생물다양성의 상태나 지형·지질학적 가치를 더 중요하게 고려하여 지정합니다. 어떤 곳은 훼손된 자연을 회복시키기 위해 사람의 출입 자체를 완전히 제한하기도 합니다. 국립공원이 '보전과 이용'을 조화시키는 곳이라면, 자연보호지구는 보전 그 자체에 절대적인 우선순위를 두는 곳이라 이해하면 쉽습니다.

보호지역을 만들고 관리하는 방식은 비단 한국만의 이야기가 아닙니다. 국제적으로는 국제자연보전연맹(IUCN) 같은 전문기관이 보호지역의 목적과 관리 수준에 따라 여러 유형을 체계적으로 나눠 설명하고 있습니다. 역사적으로는 미국의 옐로스톤이 세계 최초의 국립공원으로서 이 제도를 널리 알리는 데 큰 역할을 했습니다. 우리나라도 1967년 지리산을 제1호 국립공원으로 지정한 이래 전국 곳곳에 국립공원을 운영 중입니다. 또한 유네스코 생물권보전지역, 람사르습지, 세계자연유산처럼 국제적인 가치를 인정받아 보호받는 지역들도 우리 곁에 존재합니다.

보호구역이 중요한 이유는 단순히 풍경이 아름다워서가 아닙니다. 멸종위기종 같은 소중한 생물들이 대를 이어 살 수 있는 마지막 보금자리가 되며, 숲과 습지 같은 생태계가 건강한 기능을 유지하도록 돕습니다. 설악산 일대는 멸종위기 야생동물인 산양이 살아가는 핵심 서식지라서 사람들의 접근을 관리하며 꾸준히 관찰하고 보호하려 노력합니다. 한라산처럼 높은 고도에만 사는 특별한 식물들을 위해서는 특정 구역의 출입을 막아 식물 군락이 스스로 회복할 수 있는 시간을 줍니다. 울릉도나 독도처럼 희귀 생물과 독특한 지형이 어우러진 곳은 생명체와 땅의 역사를 동시에 지킨다는 측면에서 그 의미가 더욱 큽니다.

해외에서도 유사한 사례를 쉽게 찾아볼 수 있습니다. 중국은 판다 서식지를 거대한 보호구역으로 묶어 인간의 간섭을 최소화하는 방식으로 멸종 위기에서 구해냈으며, 르완다의 화산국립공원은 산악고릴라를 보호하는 동시에 제한적인 생태관광을 운영하여 보전과 지역 경제를 성공적으로 연결했습니다. 이처럼 자연을 일정한 구역으로 정해 정성껏 보호하면, 사라져 가던 생물들이 다시 개체 수를 늘리며 일어설 기회를 얻게 됩니다.

보호구역을 지정한다고 해서 항상 긍정적인 결과만 나타나는 것은 아닙니다. 인근에서 대대로 살아온 주민들은 과거부터 숲에서 약초를 캐거나 땔감을 구하며 생계를 이어왔는데, 갑작스러운 출입 제한은 이들의 삶을 위협할 수 있습니다. 어떤 지역에서는 전통적으로 그 땅을 이용해 온 토착민의 권리가 충분히 존중되지 않아 갈등이 빚어지기도 합니다. 보호구역을 제대로 운영하려면 그곳의 주인인 생물뿐만 아니라, 이웃한 사람들과의 긴밀한 협의가 필수적입니다. 주민들이 보호 활동에 직접 참여하거나, 생태계를 지키면서도 얻을 수 있는 대체 소득원을 함께 고민해야 합니다.

이를 해결하는 방법으로 '지속 가능한 발전'이 강조됩니다.

생태관광처럼 자연을 망가뜨리지 않으면서도 사람들의 삶이 풍요롭게 이어질 길을 찾자는 것이죠. 방문객이 자연에 주는 영향을 최소화하도록 엄격한 규칙을 세우고, 관광 수익의 일부를 지역사회와 보전사업에 다시 돌려주는 방식입니다. 이를 통해 사람들은 야생동물을 관찰하며 자연의 소중함을 배우고, 지역 주민들은 친환경 농산물이나 수공예품 판매를 통해 소득을 얻으며 자연보호의 든든한 지원군이 되어줄 수 있어요.

결국 국립공원과 자연보호지구는 자연을 지켜내는 최전선인 동시에, 사람과 자연이 어떻게 조화를 이루며 살아가야 할지를 배우는 거대한 연습장입니다. 우리가 지금 울창한 숲과 건강한 생태계를 누릴 수 있는 것은 이러한 보호 노력 덕분입니다. 미래 세대가 이 아름다운 자연의 혜택을 계속 누리게 하려면 지금보다 더 꼼꼼하고 공정한 관리가 필요합니다. 과학적인 조사와 체계적인 운영, 그리고 지역 공동체와의 따뜻한 협력이 함께할 때, 비로소 자연과 사람이 모두 미소 짓는 진정한 의미의 보호가 가능해질 것입니다.

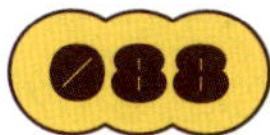

서식지 단편화
조각 조각, 사는 곳이 나뉘고
생물들도 나뉘어요

고속도로를 달리다 보면 산과 산을 잇는 육교처럼 생긴 초록색 다리 위에 나무와 풀이 무성하게 심긴 장면을 본 적이 있을 거예요. 혹은 도로 아래 터널인데 바닥이 아스팔트가 아니라 풀과 덤불로 덮여 있는 곳을 보았을지도 모릅니다. 이곳은 단순히 보기 좋으라고 만든 조경 시설이 아니라, 야생동물이 안전하게 길을 건널 수 있게 만든 생태통로라는 시설입니다. 생태통로는 도로와 철도, 도시 개발로 인해 끊긴 숲과 산을 다시 이어주는 '야생동물 전용 길'이라고 생각하면 이해하기 쉽습니다.

요즘은 도시가 커지고 도로가 늘어나면서 자연이 조각조각 나뉘는 일이 자주 일어납니다. 원래는 하나로 이어져 있던 숲이나 습지가 고속도로 한 줄 때문에 동쪽 숲과 서쪽 숲으로 나뉘는 식이지요. 그러면 그곳에 살던 너구리나 고라니 같은 동물들도 두 무리로 갈려 서로 만나기가 어려워집니다. 동물들은 먹이와 짝을 찾거나 새끼를 키우기 위해 이동해야 하는데, 도로가 이를 가로막으면 움직일 수 있는 범위가 갑자기 좁아지게 됩니다. 이렇게 무리가 나뉘면 단순히 숫자가 줄어드는 것에 그치지 않고 유전적 다양성이 감소하는 문제로 이어집니다. 무리가 너무 작아지면 가까운 가족끼리 번식하게 되어 유전자가 비슷해지고, 다양한 형질이 섞일 기회가 사라집니다. 유전적 다양성이 낮은 무리는 새로운 질병이 유행하거나 갑작스러운 기후변화, 먹이 부족 같은 위기 상황에서 버티는 힘이 약해집니다. 결국 작은 변화에도 쉽게 무너져 멸종 위험이 훨씬 커져요.

서식지가 잘게 조각나면 '가장자리 효과'도 생깁니다. 본래 숲은 안쪽으로 들어갈수록 어둡고 습하며 바람이 잔잔합니다. 그런데 도로 때문에 숲이 잘리면 외부와 맞닿는 가장자리 면적이 갑자기 늘어납니다. 그러면 햇빛과 바람, 인간의 소음이 숲 깊숙한 곳까지 침투하게 됩니다. 이로 인해 숲속의 고요하고 습한 환경을 좋아하는 새나 작은 동물, 양치식물들은 살 곳을 잃게 됩니다. 겉으로는 숲이 그대로인 것 같아도, 실제 생물들이 안전하게 이용할 수 있는 진짜 서식지는 크게 줄어드는 셈입니다.

이러한 문제를 해결하기 위해 가장 널리 쓰이는 방법이 바로 생태통로를 만드는 일입니다. 우리나라에도 고속도로 위를 덮어 숲처럼 만든 생태다리가 있고, 도로 아래로 동물이 지나가게 만든 생태하부통로가 있습니다. 고라니나 멧돼지 같은 큰 동물은 물론, 작은 포유류나 개구리 같은 양서류도 이용할 수 있도록 설계합니다. 또한, 단순히 통로 하나를 만드는 게 아니라 숲과 숲을 잇는 녹지띠를 조성하거나 하천 주변 녹지를 보존해 자연의 흐름이 끊기지 않도록 관리합니다.

최근에는 도로를 건설하기 전부터 야생동물의 이동 경로를 미리 조사해 설계를 변경하기도 합니다. 도시 안에서도 공원과 하천 주변 녹지, 가로수길, 옥상 숲 등을 촘촘하게 연결해 도시 생태네트워크를 구축하려는 시도가 늘고 있습니다. 드론이나 인공지능(AI)을 활용해 동물의 실제 이동 경로를 정밀하게 관찰하고, 그 데이터를 바탕으로 더 효율적인 통로를 설계하기도 합니다.

서식지 단편화는 동물 몇 마리의 불편함을 넘어 생물다양성 보존과 직결된 중요한 문제입니다. 야생동물이 자유롭게 이동하며 다른 무리와 만나고, 유전자를 섞으며 건강한 생태계를 유지하려면 '이어지는 길'이 반드시 필요합니다. 생태통로는 단순한 콘크리트 구조물이 아니라, 끊어진 생명의 흐름을 다시 잇는 소중한 다리입니다. 우리가 이 길을 더 세심하게 만들고 지켜준다면, 야생동물과 사람은 오래도록 건강한 자연을 함께 누릴 수 있을 것입니다.

동물원과 식물원
생태계의 마지막 방주인가, 인간의 구경거리인가

태어나서 처음 동물원에 간 아이가 코끼리를 보고 눈을 반짝입니다. 코끼리가 큰 귀를 퍼덕이고 코로 물을 뿌리면 아이들은 "우와!" 하고 환호하지요. 식물원 유리온실에 들어가면 열대우림에서나 볼 법한 커다란 잎과 낯선 꽃들이 가득해서, 사람들은 가까이서 보고 냄새도 맡지요. 동물원과 식물원은 단순히 구경만 하는 곳이 아니라, 우리가 평소 만나기 어려운 생명체를 가까이서 보며 생물다양성의 소중함을 배우는 교육 공간이 될 수 있습니다.

동물원과 식물원은 보통 여러 역할을 동시에 수행합니다. 사람들에게 생물을 소개하며 교육하고, 생물학적 연구를 진행하며, 멸종위기종을 보호하고, 시민들의 여가 공간이 되어주기도 합니다. 우리나라의 서울대공원이나 국립수목원, 백두대간수목원 같은 곳이 대표적이며, 해외에는 영국의 큐 왕립식물원이나 미국의 샌디에이고 동물원처럼 세계적인 기관도 있습니다.

요즘은 단순한 전시를 넘어 야생동물 보전이나 서식지 복원과 연결된 일을 하려는 곳이 점점 늘어나는 추세입니다. 특히 동물원과 식물원의 주요 역할 중 하나는 '서식지 외 보전'입니다. 어떤 동식물은 원래 살던 곳이 파괴되거나 개체 수가 너무 줄어서 야생에서 바로 살아남기 어려운 경우가 생깁니다. 그럴 때 동물원이나 식물원, 종자은행 같은 곳에서 이들을 안전하게 보호하고 번식시켜 멸종을 막으려는 것이지요. 번식이 까다롭거나 새끼가 살아남기 힘든 동물을 위해 인위적인 도움을 주기도 하고, 서식지가 사라질 위기에 처한 식물을 식물원에서 특별 관리하며 증식시키기도 합니다. 이런 의미에서 이들은 멸종 위기 생물의 마지막 안전망이 되기도 합니다.

또한 동·식물원은 개별 기관의 힘만으로는 보전이 어렵기에 전 세계 기관들과 긴밀히 협력해요. 한 곳에 있는 같은 종의 개체 수는 한정되어 있으므로 서로 정보를 공유하고 필요할 경우 개체를 이동시켜 혈통이 너무 가까워지는 근친교배를 막으려 노력하죠. 이는 건강한 개체가 태어날 가능성을 높여 유전적 다양성을 유지하는 데 큰 도움이 됩니다. 식물원 역시 씨앗을 오래 보존하는 종자은행과 연계해, 훗날 서식지를 복원할 때 다시 심을 수 있도록 철저히 준비해요.

최근 동물원과 식물원은 "그냥 가둬두는 곳이 되어선 안 된다."는 철학적 고민을 마주하고 있습니다. 그래서 동물에게 지루

하지 않은 환경을 제공하고 자연에서 하던 습성을 유지할 수 있
도록 공간과 구조물을 개선합니다. 먹이를 숨겨서 찾게 하거나
영장류에게 퍼즐을 주어 두뇌 활동을 돕는 행동 풍부화 프로그램
이 대표적입니다. 식물원도 단순히 심어놓는 것을 넘어 원서식지
의 빛, 온도, 습도, 토양 조건에 맞추려 노력합니다. 나아가 사람
손에서 자란 개체를 조심스럽게 야생으로 돌려보내는 방사 프로
그램도 시도되고 있습니다.

여기서 꼭 짚고 넘어가야 할 비판적인 시각도 존재합니다. 동
물원과 식물원에 대한 부정적인 시선이 생기는 이유도 분명히 존
재합니다. 가장 큰 문제는 동물을 인간의 구경거리로 만들 수 있
다는 점입니다. 야생동물은 넓게 이동하고 숨고 사냥하며 생태적
상호작용을 해야 하는데, 좁고 단조로운 공간에서는 이런 본능을
발휘하기가 어렵습니다. 이로 인해 스트레스를 받은 동물이 같은
행동을 반복하거나 공격적으로 변하거나 무기력증에 빠지기도
합니다. 똑똑하고 사회성이 높은 코끼리나 유인원일수록 그 영향
을 크게 받습니다. 보전을 앞세우면서도 실제로는 관람객을 끌기
위해 인기 동물 전시에만 치중한다는 비판을 받는 동물원도 있
고요.

식물원 역시 좋은 면만 있는 것은 아닙니다. 희귀식물을 수
집하는 과정에서 불법 채집이 발생하거나, 특정 지역 식물을 옮
기면서 의도치 않게 병해충이 함께 퍼질 위험이 있습니다. 외래

식물이 유출되어 원래 살던 생태계에 피해를 주는 문제도 무시할 수 없습니다. 무엇보다 멸종위기종을 밖에서 늘리는 데 성공하더라도, 정작 야생 서식지가 계속 파괴된다면 자연으로 돌아가도 살 곳이 없다는 현실적인 한계가 명확합니다. 그래서 전문가들 사이에서도 "동·식물원은 멸종을 늦출 수는 있어도, 근본 해결책은 오직 서식지 보호 뿐이다."라는 목소리가 나옵니다.

또 하나 중요한 비판 지점은 기관마다 천차만별인 동물복지 수준입니다. 시설과 예산, 확고한 철학을 갖춘 곳은 동물을 잘 돌보지만, 그렇지 못한 곳은 위생과 의료 체계가 부족한 열악한 환경에서 동물을 고통에 방치하기도 합니다. 가끔 뉴스에서 드러나는 처참한 사육 환경에 사람들이 분노하는 이유가 여기에 있습니다. 이 때문에 동물원의 존재 자체를 반대하는 목소리와, 기준을 대폭 강화하여 윤리적이고 전문적인 곳만 남겨야 한다는 주장이 맞서고 있습니다.

동물원과 식물원은 한마디로 정의하기 복잡한 공간입니다. 누군가에게는 자연과 처음 만나는 통로이지만, 다른 이에게는 동물을 가두는 감옥으로 보일 수도 있습니다. 중요한 것은 존재 여부보다 '어떻게 운영하느냐'입니다. 동물이 덜 고통받고 자연스럽게 행동할 수 있는 환경을 만들고, 단순 전시보다 보전과 교육에 집중하며, 야생 서식지 보호와 실질적으로 연결될 때 존재 의미가 생깁니다. 우리 역시 방문할 때 단순히 재미로만 소비하지 않고, 그곳이 생물에 대한 예의와 보전을 진지하게 실천하는지 살피는 태도가 필요합니다. 그래야만 동·식물원이 단순한 관람 시설을 넘어, 진정으로 자연과 공존하는 법을 배우는 장소로 거듭날 수 있을 거예요.

아스팔트 정글 속에서 피어나는 생명의 연결과 공존

서울 한복판은 고층 건물과 아스팔트 도로, 지하철 소음으로 가득하지만, 이런 곳에서도 생명은 꽤 씩씩하게 살아갑니다. 한강 둔치에서는 왜가리가 물고기를 노리며 천천히 걸어 다니고, 산책로 근처에서는 너구리 가족이 살금살금 나타나기도 합니다. 밤이 되면 청설모가 가로수 사이를 빠르게 오가고, 남산 숲길에서는 딱따구리가 나무를 두드리는 소리가 들려옵니다. 서울숲이나 경의선 숲길 같은 도시공원에서는 나비와 벌이 꽃을 찾아다니며 자연의 연결고리를 이어줍니다. 이처럼 도시는 사람만 사는 곳이 아니라, 여러 생물이 함께 살아가는 하나의 역동적인 생태계입니다.

도시 생태계는 인공 구조물과 자연 요소가 섞여 만들어진 독특한 환경입니다. 건물과 도로가 밀집해 있고 사람 활동이 중심이라 광활한 숲이나 강처럼 이어진 자연 생태계와는 분위기가 다릅니다. 하지만 도시 생태계는 사람과 자연이 가장 가까이 맞닿아 있는 공간이기에, 우리가 일상 속에서 자연을 직접 보고 느끼며 생명의 소중함을 배울 수 있는 특별한 장소가 되기도 합니다.

도시 생태계는 살아 있는 생물들과 무생물 환경 요소로 구성됩니다. 살아 있는 것에는 사람, 가로수, 공원 식물뿐 아니라 그 주변에 사는 곤충, 새, 포유류 등이 포함됩니다. 서울의 공원에서는 멧비둘기나 참새가 흔히 오가며, 화단에서는 개미와 나비 같은 작은 생명을 만날 수 있어요. 무생물 환경 요소로는 건물, 도로, 공원 시설, 물, 날씨, 온도와 습도, 조명, 소음 오염물질 등이 포함되며, 이들은 생물의 생존 조건을 결정짓는 중요한 변수가 됩니다. 하지만 도시 생태계는 여러 어려움도 안고 있습니다. 계속되는 개발로 녹지가 단절되면 동물들의 이동이 힘들어집니다. 밤늦도록 밝게 켜진 인공 조명과 소음은 야행성 동물의 생활 리듬과 번식, 이동을 방해합니다. 공기와 물, 토양의 오염은 생존을 위협하며, 건물이 밀집해 열이 빠져나가지 못해서 주변보다 더 더워지는 열섬 현상이 발생하기도 합니다. 여기에 외래종 유입이나 기후변화 더해지면 원래 살던 생물들이 밀려나 생태계 균형이 흔들릴 수 있습니다.

따라서 도시 생태계를 더 건강하게 가꾸려면 녹지를 넓히는 것만큼이나 각 지점을 서로 연결하는 것이 중요합니다. 파편화된 숲과 공원 사이에 야생동물 전용 생태통로를 설치하거나, 옥상과 벽면을 식물로 덮어 작은 서식지를 늘려주어야 합니다. 도시 하천을 자연에 가깝게 복원하면 물길을 따라 생물들이 안전하게 이동할 수 있고, 물 순환도 회복될 수 있습니다. 또한 시민들이 참여하는 생물 조사나 도시 농업 활동은 시민들의 관심을 키워 도시를 생명 친화적으로 바꾸는 동력이 됩니다.

실제로 서울에서는 도시 생태계를 회복하려는 시도가 이어지고 있습니다. 한강과 중랑천, 탄천, 안양천 같은 하천을 정비하여 물가 생태계를 되살리려 노력하고, 서울숲이나 월드컵공원, 남산 생태숲처럼 도심 속 녹지를 늘리고 연결하려는 노력도 진행됐어요. 도시에서 다친 야생동물을 구조하거나 시민들이 직접 참여하는 생물 모니터링 프로그램도 운영되면서 도시 속 생물과 공존하는 구체적인 방법을 찾아가고 있습니다.

결국 도시 생태계는 자연을 그대로 옮겨놓은 곳이 아니라, 사람과 생명이 같은 공간에서 부딪히고 조정하며 함께 만들어가는 터전입니다. 우리가 도심 속 녹지의 연결로를 지키고 넓혀 나간다면, 도시는 단순한 콘크리트 덩어리가 아닌 모두에게 쾌적한 생명의 보금자리가 될 것입니다. 옥상 정원과 가로수 사이로 흐르는 푸른 생명력은 우리를 더욱 건강하게 만들고, 지속 가능한 도시의 미래를 완성하는 소중한 바탕이 될 것입니다.

091

시민과학과 에코과학

내가 찍은 사진 한 장이
과학의 역사가 되는 순간!

초여름 주말, 도심 공원에서 수풀을 살피며 생물 이름을 기록하는 사람들을 볼 수 있습니다. 이들은 '바이오블리츠BioBlitz'에 참여 중인 시민들입니다. 바이오블리츠는 정해진 시간 동안 특정 지역의 생물종을 최대한 찾아 기록하는 조사 활동입니다. 시민과 전문가가 함께 목록을 만들며 지역의 자연 가치를 재발견하고, 그 결과물은 실제 과학 연구 자료로도 활용됩니다.

바이오블리츠는 시민과학의 대표적 사례입니다. 시민과학이란 전문가가 아닌 일반인이 과학 연구 과정에 직접 참여하는 활동을 뜻합니다. 최근에는 스마트폰과 GPS의 발달로 누구나 사진과 위치 정보를 쉽게 공유할 수 있게 되었습니다. 주로 생물을 관찰해 앱에 올리는 방식으로 진행되지만, 오염 상태 조사나 기상 변화 기록, 별 관찰 등 분야도 다양합니다. 시민들의 참여는 전문가가 수행하기 힘든 광범위한 지역과 장기적인 조사를 가능하게 합니다.

시민과학의 가치는 자료 수집에 그치지 않습니다. 직접 관찰하고 기록하는 과정에서 시민들은 과학을 친숙하게 느끼고 자연을 보는 눈도 섬세해집니다. 자연스럽게 지역 생태 보전에 관심이 커지며, 청소년에게는 과학에 대한 흥미와 진로 탐색의 계기를 제공합니다. 이처럼 시민과학은 과학과 사회를 잇는 훌륭한 다리 역할을 합니다. 이미 세계 여러 나라에서 시민과학이 활발히 운영되고 있습니다. 미국에서 오랫동안 시민들이 특정 시기에 독수리를 관찰하고 기록한 자료는 맹금류 연구에 큰 도움을 주었으며, 영국은 정원을 찾는 새를 시민들이 관찰해 기록하는 프로젝트가 유명합니다. 그 덕분에 도시 생태계의 변화를 추적할 수 있어요. 호주에서는 시민들의 사진으로 국가 생물 분포 지도를 만드는 시스템이 운영됩니다. 한국 역시 시민들이 연안 생태계를 모니터링하면서 해조류와 해양 생물의 변화를 조사하는 활동이 진행되고 있어요.

시민과학은 실제 환경 연구에 실질적으로 기여합니다. 어떤 나라에서는 시민들이 오랫동안 모아온 개구리 울음소리 기록으로 습지 상태와 수질 변화를 추적해요. 한국에서도 큰 강이나 호수에서 시민이 수질을 측정하고 오염원을 찾는 활동이 정책 수립에 참고가 된 사례가 있어요. 또한 꾸준히 축적된 관찰 자료는 철새 이동 경로 변화를 확인하게 하여 기후변화의 영향을 이해하는 중요한 단서가 됩니다.

참여 방법도 쉽습니다. 지자체나 환경단체, 국립공원공단, 국립생태원 등이 개최하는 바이오블리츠나 자연탐사, 생물모니터링 행사에 신청해서 참여하면 됩니다. 혹은 '네이처링'이나 'iNaturalist' 'eBird' 같은 앱을 활용해 일상에서 발견한 생물 사진과 날짜, 위치를 올릴 수도 있습니다. 이렇게 모인 기록은 다른 사람들이 확인하고 정리하면서 더 정확해지고, 이후에는 연구자들이 활용하는 귀한 자료가 될 수 있어요.

작은 관찰이 거대한 연구의 줄기가 된다는 점이 시민과학의 가장 큰 매력입니다. 과학은 전문가들만의 전유물이 아니며, 호기심을 가진 사람이라면 누구나 그 주인공이 될 수 있습니다. 길가에 핀 작은 풀꽃 하나, 공원에서 마주친 곤충 한 마리를 향한 여러분의 따뜻한 시선과 기록은 소중한 자연을 지키는 위대한 첫걸음이 될 것입니다. 여러분의 참여가 과학을 더욱 풍성하게 꽃피우고, 우리 모두의 삶을 더 나은 방향으로 바꾸는 강력한 동력이 되기를 기대합니다.

092

지속 가능한 발전

현재를 위한 선택이자
미래를 위한 약속

20세기 중반 이후 인류는 과학기술과 산업의 발전으로 아주 빠르게 성장했습니다. 도시가 커지고 공장이 늘어나며 생활은 편리해지고 경제는 풍요로워졌지요. 그 과정에서 숲은 사라지고 강과 바다는 오염되었으며 자원은 빠르게 고갈되었습니다. 생물다양성이 줄어들고 기후가 급격히 변하는 위기 상황에서, 당장의 이익만을 좇는 개발은 미래 세대의 삶까지 흔드는 심각한 위협이 되었습니다. 이러한 한계를 극복하고자 등장한 개념이 '지속 가능한 발전'입니다. 1987년 유엔 보고서를 통해 널리 알려진 이 개념은 '미래 세대가 살아갈 힘을 빼앗지 않으면서, 현재 세대의 필요를 채우는 발전'을 의미합니다. 이는 개발을 무조건 멈추자는 것이 아니라, 자연을 망가뜨리지 않는 방식으로 똑똑하게 발전하자는 뜻입니다.

오늘날 지속 가능한 발전은 생존의 문제입니다. 폭염과 홍수 같은 이상기후, 해수면 상승, 대형 산불, 미세먼지와 플라스틱 쓰레기 문제는 갈수록 심각해지고 있습니다. 한정된 지구 자원과 국가 간 격차 속에서 무리한 개발을 지속한다면 결국 인류의 안전과 생존 자체가 위태로워질 수밖에 없습니다.

지속 가능한 발전을 위해서는 세 가지 축이 조화를 이루어야 합니다. 첫째는 경제적 지속성으로, 에너지 효율을 높이고 혁신적인 기술로 경쟁력을 키우는 것입니다. 둘째는 환경 보전으로, 온실기체를 줄이고 생태계를 보호하며 자원을 재활용하는 노력이 필수입니다. 셋째는 사회가 더 공평해지는 일이에요. 빈곤과 차별을 줄이고 교육과 건강을 모두가 누리는 사회를 만드는 것입니다. 이 셋은 유기적으로 연결되어 있어 어느 하나라도 소홀히 할 수 없습니다.

세계적으로는 2015년 유엔이 정한 지속가능발전목표(SDGs)라는 약속이 나침반 역할을 하고 있습니다. 2030년까지 빈곤층을 줄이고, 교육을 늘리며, 성평등을 이루고 기후변화에 대응하는 등 17개 목표를 달성하자는 약속이에요. 이는 정부뿐 아니라 기업과 시민 모두의 참여를 독려합니다. 기업들 또한 환경, 사회적 책임, 투명한 경영을 중시하는 ESG(Environmental, Social, Governance) 경영을 도입하며 이익 창출과 사회적 책임을 동시에 고민하기 시작했습니다.

그렇다면 우리는 무엇을 할 수 있을까요? 개인이 할 수 있는 실천도 많습니다. 일회용품 줄이기, 대중교통 이용, 에너지 절약부터 시작할 수 있어요. 이는 물론 가까운 지역에서 생산된 농산물을 구매하고 분리수거를 제대로 하고, 필요 없는 물건을 덜 사는 습관도 중요합니다. 환경과 기후 정책에 관심을 두고 시민과학 활동이나 환경보전 캠페인에 참여하는 것도 의미 있는 실천이 될 수 있어요.

지속 가능한 발전은 오늘을 잘 살기 위한 지혜로운 선택이자, 미래를 안전하게 지키겠다는 인류의 소중한 약속입니다. 거창한 구호보다 중요한 것은 우리의 일상 속에 스며든 작은 선택들입니다. 우리가 오늘 무엇을 먹고, 무엇을 소비하며, 어떤 방식으로 살아가는지가 모여 내일의 지구를 완성한다는 사실을 잊지 말아야 합니다. 지금 이 순간의 실천이 우리 모두가 함께 누릴 풍요로운 미래의 씨앗이 될 것입니다.

093

생태계 복원

늑대가 환경을 살리듯
조각난 자연에 숨결을 불어넣어요

전라남도 순천시에는 수많은 갯벌 생물이 살던 순천만 갯벌이 있었습니다. 이곳은 간척과 농지 개발, 공장에서 들어온 오염된 물로 한때 크게 훼손되었어요. 그러다 국가와 지자체가 나서 복원 사업을 추진하며 다시 살아나기 시작했어요. 순천만처럼 갯벌과 갈대밭이 넓게 펼쳐진 곳을 다시 성장하게 하려는 노력이었죠. 지역사회와 시민단체가 함께 인위적인 구조물을 치우고, 자연에 가까운 둑과 물길을 만들었으며, 토종 생물이 돌아올 수 있도록 서식지를 되살렸어요. 그 결과 순천만은 다양한 철새가 찾는 중요한 서식지로 회복되었고, 유네스코 생물권보전지역으로도 지정되었어요. 이 사례는 생태계 복원이 자연 보호를 넘어 수많은 관광객이 찾는 지속 가능한 생태관광으로 이어질 수 있음을 보여줍니다.

생태계 복원이란 훼손된 자연을 가능한 한 원래에 가깝게 되돌리는 과정입니다. 중요한 것은 겉모습만 예전처럼 보이게 만드는 게 아니라 생물다양성, 토양과 물의 상태, 탄소가 돌고 도는 과정 같은 생태계 기능이 다시 잘 작동하도록 돕는 일이에요. 단순히 나무를 심는 데서 끝나지 않고, 그 지역에 원래 살던 생물과 환경, 생태계가 돌아가는 방식까지 고려하는 통합적인 접근이 필요해요. 이는 자연의 회복력을 키우고 생물다양성을 지키며, 기후 변화를 완화하고 사람들의 삶의 질을 높이는 데도 기여합니다. 결국 지속 가능한 미래를 만들기 위한 중요한 전략이기도 해요.

오늘날 생태계 복원이 더 중요해진 이유는 산업화와 도시화, 무분별한 개발로 자연 훼손이 빠르게 진행되고 있기 때문입니다. 서식지 감소와 생물다양성 손실, 기후 위기, 토양 침식과 수질 오염이 더 심해졌지요. 생태계는 단순히 우리가 살아가는 데 깔려 있는 아름다운 배경이 아니라 산소와 물, 식량, 마음의 안정을 제공하는 삶의 기반이기에, 이를 복원하는 일은 인간이 살아갈 미래를 튼튼하게 지키는 일이기도 합니다. 생태계 복원은 보통 조사와 평가, 계획 수립, 현장 실행, 사후 모니터링의 단계로 이루어집니다. 현황 조사와 평가 단계에서는 그 지역에 어떤 생물이 있는지, 토양과 물 상태, 식물의 분포를 살펴보고 복원이 필요한 이유와 목표를 정해요. 목표는 사라진 생물을 복원하는 것일 수도 있고, 외래종을 제거해 토종 물고기가 살 환경을 만드는 것일 수 있습니다. 계획을 세우는 단계에서는 목표를 이루기 위한 구체적인 방법을 정합니다. 현장 실행 단계에서는 실제로 복원 작업이 진행되며, 목표와 계획에 따라 필요한 생물을 옮겨오거나 구

조물을 설치하기도 하고, 사람의 간섭을 줄이기 위한 제한 조치를 하기도 합니다. 모니터링과 유지 단계에서는 복원이 잘 되고 있는지 확인하고 문제가 생기면 바로 고쳐나갑니다. 핵심은 시간이 지나도 생태계가 스스로 유지되도록 돕는 데 있어요. 미국 옐로스톤 국립공원에서 늑대를 다시 들여온 사례가 유명합니다. 20세기 초, 사람들이 옐로스톤의 늑대를 없애면서 생태계의 균형이 무너졌어요. 포식자가 사라지자 초식동물이 과하게 늘어 풀과 나무를 먹어치웠죠. 하천의 식생이 망가지고 생물다양성도 크게 줄었어요. 그래서 1995년, 정부는 캐나다에서 회색늑대를 데려와 옐로스톤에 살게 했어요. 이후 늑대가 사슴 개체 수를 조절하면서 버드나무나 포플러 등 식물이 되살아났고, 하천 주변 환경이 안정되면서 비버, 수달, 여러 새와 곤충이 돌아왔습니다. 이 사례는 생태계 복원이 한 종만 살리는 일이 아니라 전체 구조와 기능을 되살리는 일임을 보여줍니다. 생태계 복원은 인간이 망가뜨린 자연을 다시 일으켜 세우는 적극적인 책임이자 실천입니다. 이는 단순히 과거의 실수를 바로잡는 차원을 넘어, 자연과 사람이 조화롭게 공존할 미래를 설계하는 일입니다. 과학적인 분석과 사회적 협력이 뒷받침된다면 우리는 풍요로운 생태계의 혜택을 다음 세대와 온전히 나눌 수 있을 거예요.

🔍 #교과 #생물의_구성과_다양성 #지속가능한_삶 #과학적_탐구 #과학기술과_인류_문명

멸종과 대멸종

도도새가 남긴 경고와
지구가 보내는 여섯 번째 신호

인도양 한가운데 있는 모리셔스라는 섬나라에는 한때 도도Dodo라는 새가 살고 있었어요. 도도는 비둘기와 가까운 종류로, 날지 못하는 새예요. 도도는 천적이 거의 없는 섬에서 오랫동안 혼자 진화하면서 살아왔습니다. 하지만 1598년 네덜란드 사람들이 섬에 들어오면서 상황이 달라졌어요. 사람들은 도도를 마구잡이로 잡았고, 인간과 함께 들어온 돼지와 고양이, 개, 쥐 같은 동물들이 도도의 알을 먹으면서 수가 급격히 줄어들었어요. 결국 도도는 약 100년 만에 완전히 멸종했고, 인간의 영향으로 사라진 대표적인 동물이 되었습니다. 이 사례는 인간의 행동이 한 생물의 운명을 얼마나 빠르게 바꿀 수 있는지를 잘 보여줘요.

생물학에서 멸종이란 어떤 생물 종이 지구상에서 완전히 사라지는 일을 말합니다. 멸종은 갑작스럽게 일어나기도 하고, 아주 오랜 시간에 걸쳐 서서히 진행되기도 해요. 오늘날에는 인간의 개입으로 멸종이 더 빠르게 일어나고 있어요. 숲과 갯벌을 농경지나 도시로 바꾸고, 생물을 지나치게 잡거나 외래종이 유입되며, 환경오염과 기후변화가 겹치면서 많은 생물이 살기 어려워졌지요. 이런 변화로 개체 수가 줄고 유전적 다양성이 낮아지면 생물은 변화한 환경에 적응하지 못하고 사라질 가능성이 커져요. 한 종의 멸종은 생태계 전체의 균형을 흔듭니다. 하지만 멸종이 모두 인간 때문인 것은 아니에요. 멸종은 진화의 과정 속에서 인간이 등장하기 전부터 자연스럽게 일어나고 있었어요. 다른 생물과의 경쟁에서 밀리거나, 환경에 적응하지 못해서였죠. 과학자들은 평균적으로 약 100만 년에 한 종이 멸종한다고 보고 있고, 한 종이 지구에서 살아가는 시간은 대략 100만 년에서 1,000만 년 정도로 추정해요. 이런 사실은 멸종이 자연에서 반복되는 일이라는 점을 보여줍니다. 지구 역사에는 이보다 훨씬 큰 규모의 '대멸종'도 여러 차례 있었습니다. 대멸종은 비교적 짧은 시간에 생물 종의 절반 이상이 사라지는 사건으로, 지금까지 다섯 번 일어난 걸로 알려져 있어요. 약 4억 4천만 년 전 오르도비스기 말에는 빙하기가 오고 바닷물이 줄어들면서 해양 생물의 85%가 멸종했어요. 약 3억 5,900만 년 전 데본기 말에도 바닷속 생물이 큰 피해를 보았고, 약 2억 5천만 년 전 페름기 말에는 전체 생물의 약 95%가 멸종해서 지금까지 있었던 대멸종 중 가장 규모가 컸어요. 네 번째 대멸종은 2억년 전 트라이아스기 말에 일어났고, 대규모 화산 폭발과 기후변화가 원인일 가능성이 있어요. 우리가 가장 잘 아는 다섯 번째 대멸종은 약 6,600만 년 전 백악기 말, 소행성 충돌로 지구 기후가 변해 공룡이 멸종한 사건입니다. 대멸종은 많은 생물이 사라지는 비극인 동시에 새로운 종이 등장하고 번성하는 전환점이 되기도 했죠. 공룡이 멸종한 뒤 포유류가 진화해 번성했고, 그 결과 인류가 등장할 수 있었습니다. 멸종은 슬픈 일이면서도, 생명의 역사가 크게 방향을 바꾸는 순간이기도 한 거예요.

문제는 지금입니다. 많은 과학자가 이미 인류는 여섯 번째 대멸종의 문턱에 들어섰다고 경고해요. 현재 멸종 속도는 자연 상태보다 수백~수천 배 빠르며, 원인 대부분은 인간의 활동입니다. 개발과 삼림 파괴, 오염, 기후변화, 외래종 침입이 생물다양성을 빠르게 무너뜨리고 있어요. 국제자연보전연맹(IUCN)도 수많은 생물이 멸종위기에 놓여 있다고 보고합니다. 이런 흐름이 계속되면 생물다양성 파괴가 더 가속화될 것입니다. 멸종은 현재 자연의 섭리를 넘어, 인간이 그 속도를 앞당기고 있습니다. 생물다양성은 우리가 누리는 풍요로운 삶의 근간이며 반드시 지켜야 할 가치입니다. 멸종은 단지 이름 모를 생명 하나가 사라지는 일이 아니라, 우리를 포함한 지구 생태계 전체의 미래가 흔들리는 일임을 기억하고 이를 멈추기 위해 함께 행동해야 합니다.

#교과 #날씨의_변화 #열의_이동 #생물의_구성과_다양성 #인류의_지속가능한_삶

보전생물학
인류의 노력과 지혜
생명의 불씨를 되살려요

지리산을 오르다 보면 '곰 조심'이라는 팻말을 볼 수 있어요. 처음 보면 무서울 수 있지만, 이는 지리산에 반달가슴곰이 실제로 살고 있다는 뜻이에요. 반달가슴곰은 한때 우리나라에서 거의 멸종할 뻔했지만, 2004년부터 환경부와 국립공원공단이 복원 사업을 시작했어요. 유전적으로 비슷한 곰을 외국에서 들여와 지리산에 풀어주고, 무선추적기와 카메라로 상태를 꾸준히 관찰하며 지켜줬죠. 그 결과 지금은 80마리가 넘는 곰이 지리산에서 살아가며 새끼도 낳고 있어요. 이는 우리나라 보전생물학의 대표적인 성공 사례입니다. 보전생물학은 멸종 위기에 놓인 동식물과 그 서식 환경을 과학적으로 보호하고 회복하는 학문 분야예요. 환경 훼손과 생물 감소가 심각해진 1980년대부터 본격적으로 생겨나 발전했으며, 생물학뿐 아니라 생태학, 유전학, 정책, 지리 정보 등 기타 과학과도 밀접하게 연결돼요.

보전은 지금 있는 자연을 잘 지켜 멸종을 막는 일이고, 복원은 이미 훼손된 자연이나 생물을 다시 회복시키는 일이에요. 반달가슴곰처럼 거의 사라졌던 종을 다시 자연에서 살 수 있도록 한 일은 복원의 좋은 예죠.

보전을 위해서는 먼저 어떤 종을 보호할지 정해야 해요. 이를 위해 보전생물학자들은 해당 동물이 어디에 살고 있는지, 몇 마리나 남았는지, 유전적으로 건강한지, 서식지 상태는 어떤지 등을 꼼꼼하게 조사합니다. 이후 유전자 검사로 건강한 개체를 골라내고, 위치추적기를 달아 이동 경로를 살피는 등 여러 자료를 모읍니다. 이런 정보를 바탕으로 보호 우선순위를 정하고, 종에 맞는 계획을 세워요. 어떤 종은 그 종 하나만 잘 보호해도 그 주변의 다른 생물들까지도 같이 지킬 수 있어요. 이 과정에서 핵심종, 우산종, 깃대종이라는 개념을 사용합니다. 핵심종은 생태계 전체에 큰 영향을 미치는 종으로, 해달처럼 성게를 먹어서 바다 숲이 무너지지 않게 도와주며 다른 생물의 균형을 유지하는 역할을 합니다. 우산종은 넓은 서식지가 필요한 생물로, 이 종을 보호하면 주변 생물도 함께 지킬 수 있어요. 지리산에 사는 반달가슴곰은 대표적인 우산종입니다. 깃대종은 사람들이 좋아하거나 관심을 많이 가지는 생물이에요. 이런 종을 깃대처럼 앞세우면 보전 활동에 대한 관심이 더 커집니다. 팬더나 호랑이, 반달가슴곰은 보전 활동에 대한 지지를 이끌어내는 데 도움이 되는 깃대종이에요.

보전 방법은 크게 현지 내 보전과 현지 외 보전으로 나뉘어요. 현지 내 보전은 동물이 살던 자연을 그대로 보호하고 관리하는 방식이에요. 국립공원이나 보호구역을 만들고 동물들이 길을 건너다 차에 치이지 않도록 생태통로를 만드는 것도 여기에 해당돼요.

현지 외 보전은 동물원이나 식물원에서 동식물을 인공적으로 보호·번식시킨 뒤 다시 자연으로 돌려보내는 방법입니다. 광릉요강꽃이라는 식물은 식물원에서 키운 뒤 일부를 다시 자연으로 돌려보내는 복원이 진행되고 있어요. 이때 빠질 수 없는 요소가 유전적 다양성입니다. 같은 종이어도 유전자가 다른 개체가 많을수록, 즉 유전적 다양성이 높을수록 병이나 환경 변화에 잘 견디고 적응할 수 있어요. 반대로 유전적 다양성이 너무 적으면, 병에 약하거나 근친끼리 교배돼서 기형이 태어날 가능성이 높아져요. 이를 연구하는 분야가 보전유전학입니다.

과학자들은 멸종위기종의 유전자를 분석해서 어떤 개체를 번식시키고 방사할지 구제적으로 계획하고 결정하는 데 활용합니다. 미국의 캘리포니아콘도르는 한때 단 27마리만 남았지만, 유전 정보를 분석하고 번식 프로그램을 잘 운영해서 지금은 수백 마리로 늘어났어요. 유럽들소도 비슷한 방식으로 다시 자연에 돌아갔고, 호주 태즈메이니아데빌은 전염병에 강한 개체를 골라 따로 보호구역에서 키운 뒤 야생으로 보내는 식으로 개체 수를 회

복했어요. 우리나라 반달가슴곰도 유전 정보를 바탕으로 건강한 번식이 이뤄지도록 관리되고 있어요.

보전생물학은 과학자만의 일이 아닙니다. 법과 제도, 시민의 관심과 참여가 함께해야 효과를 낼 수 있어요. 아무리 좋은 계획이 있어도 관련 법이 없거나 사람들이 관심을 가지지 않으면 실행하기 힘들죠. 생태통로 설치나 밀렵 단속도 법, 제도, 시민의식 등 사회 전체의 협력이 함께할 때 효과를 낼 수 있어요. 최근에는 일반 시민들이 직접 생물을 관찰하고 기록하는 활동이 활발해, 연구와 인식 개선에 도움을 주고 있어요. 시민들이 모은 정보를 과학 연구에도 사용하며, 이는 사람들이 자연을 더 아끼는 계기가 되기도 합니다.

결국 보전생물학은 동식물을 지키는 학문을 넘어, 인간과 자연이 공존할 수 있는 견고한 안전망을 구축하는 일입니다. 멸종의 문턱에서 돌아온 수많은 생명은 우리가 포기하지 않고 지혜를 모은다면 지구의 생태계를 복원할 수 있다는 희망을 보여줍니다. 생명과 자연을 지키는 일은 이제 특정 전문가들의 영역을 넘어 우리 모두가 일상에서 함께 짊어져야 할 소중한 과제이자 미래를 위한 가장 가치 있는 약속입니다.

생태계 천이
잿더미에서 울창한 숲까지
자연이 쓰는 회복의 연대기

2023년 봄, 강원도 고성에서 큰 산불이 일어나 수천 헥타르에 달하는 산림이 불탔어요. 숲은 마치 달 표면처럼 황량해졌고 검게 탄 나무줄기만 남았죠. 몇 주 뒤, 비가 내리고 햇빛이 들자 놀라운 변화가 나타났어요. 땅속에 숨어 있던 씨앗들이 싹을 틔우기 시작한 거예요. 키 작은 풀들이 먼저 자라났고, 억새와 조릿대, 싸리나무 같은 식물들이 하나둘 모습을 드러냈어요. 이후 소나무와 참나무의 어린나무도 자라기 시작하며 숲은 서서히 생기를 되찾았어요. 큰 피해가 생긴 뒤에도 시간이 지나며 자연이 스스로 회복되는 과정을 생태계 천이라고 불러요. 한자로 '옮길 천遷' '옮길 이移'를 쓰는데, 한 장소에서 시간이 흐르며 생물의 종류와 구성이 점차 바뀌는 자연스러운 변화 과정이에요. 처음에는 일부 생물이 정착해서 살기 시작했다가, 이들이 환경을 바꾸면서 다른 생물들이 들어오고 결국 그곳만의 생태계가 만들어집니다. 천이는 자연 상태에서도 일어나지만, 산불이나 홍수, 화산 폭발, 사람의 개발처럼 자연이 크게 교란되었을 때도 나타나요. 식물만 바뀌는 게 아니라, 토양에 유기물이 쌓이고 미생물이 늘어나며 생물 사이의 관계도 복잡해져 생태계는 점점 더 안정됩니다.

천이는 보통 1차 천이와 2차 천이로 나뉩니다. 1차 천이는 생물이 전혀 없던 곳, 화산 폭발로 생긴 바위나 빙하가 녹아 드러난 땅에서 시작돼요. 이끼나 지의류 같은 개척자 생물이 먼저 나타나 바위를 부수고 토양과 유기물을 쌓아 환경을 만듭니다. 이후 풀, 관목, 나무가 자라면서 생태계가 다양해집니다. 이 과정은 수백 년 이상 걸릴 수도 있어요. 2차 천이는 산불 등으로 훼손된 곳이 회복되는 과정으로, 토양과 씨앗, 뿌리, 미생물이 남아 있어 훨씬 빠르게 진행돼요. 버려진 논밭이나 방치된 산비탈에서도 잡초와 활엽수, 큰 나무가 차례로 자라며 숲으로 바뀝니다.

천이는 식물의 조성이 바뀌는 현상만이 아니라 생태계 전체의 구조와 기능이 변하는 큰 과정이에요. 산불 피해 대응, 국립공원 관리, 서식지 복원 등에도 중요한 과학적 원리를 제공합니다. 천이를 이해하면 자연의 회복력에 감탄하게 되고, 동시에 그 회복을 돕는 것은 인간의 책임이라는 사실도 분명해집니다.

지구온난화
뜨거워지는 지구!
인류의 생존을 결정할 골든타임

지구는 지금 몸살을 앓고 있어요. 북극의 얼음은 해마다 줄어들고 있고, 절대 녹지 않을 거라 생각했던 그린란드의 얼음도 녹고 있어요. 유럽은 매년 역대급 폭염을 겪고 있고, 남아시아와 아프리카 일부 지역은 가뭄과 식량 부족으로 고통받고 있어요. 태평양과 대서양에서는 허리케인과 태풍이 더 강하게 자주 일어나고, 남미와 오세아니아에서는 몇 달씩 이어지는 산불이 숲과 생명을 태우고 있어요. 이런 일들은 우연이 아니라, 지구온난화와 깊이 연결돼 있어요.

　지구온난화는 지구의 평균 기온이 비정상적으로 올라가는 현상을 말해요. 대기에는 원래 이산화탄소와 메탄, 아산화질소 같이 지구를 따뜻하게 유지하는 온실기체라는 기체가 있지만, 이 기체들이 지나치게 늘어나면서 문제가 생겼어요. 사람들이 석탄, 석유, 천연가스 같은 화석연료를 태우고 숲을 마구 베고 공장과 가축 사육을 통해 온실기체를 계속 내보내면서 문제는 점점 심각해졌죠. 그 결과 산업혁명 이후 지금까지 지구 평균기온은 약 1.1 도나 상승했어요.

아직도 "기후는 원래 변해.""예전에도 더웠던 때가 있었잖아?"라고 말하는 사람들이 있어요. 그런데 이런 말은 과학적으로 잘못된 말입니다. 과거 수십만 년 동안의 기후와 기록 이래 자료를 보면 지금처럼 이산화탄소 농도가 높았던 적은 거의 없고 이렇게 빠르게 기온이 오른 적도 없어요. 태양 활동이나 화산 폭발, 지구의 궤도 변화 같은 자연적 요인만으로는 현재의 기온 상승을 설명할 수 없다는 점도 이미 밝혀졌어요. 오늘날의 기후변화는 인간이 만든 온실기체 증가가 주된 원인이라는 것이 연구로 밝혀졌습니다.

사람들은 어떤 노력을 하고 있을까요? 국제사회의 대표적인 움직임은 2015년에 만들어진 파리기후협약입니다. 이 협약에서 세계 여러 나라가 함께 힘을 모아 지구 평균 기온 상승을 산업화 이전보다 2도 이상 올라가지 않게, 가능하면 1.5도 이내로 막자는 목표를 세웠어요. 각 나라는 온실기체 감축 목표를 정하고 이를 지키기 위해 노력하고 있어요.

기업들 역시 RE100이라는 캠페인을 통해 재생에너지 사용을 늘리고 있습니다. 이는 기업들이 사용하는 모든 전기를 태양광이나 풍력 같은 재생에너지로 바꾸겠다는 약속이에요. 구글, 애플, 마이크로소프트 같은 큰 기업들도 이미 참여하고 있고, 우리나라 기업들도 점점 동참하고 있어요.

지구온난화는 먼 미래의 가상 시나리오가 아니라, 지금 우리가 온몸으로 겪고 있는 현실입니다. 우리가 마주한 유례없는 폭염과 산불, 가뭄과 홍수는 지구가 보내는 절박한 구조 신호입니다. 이제는 막연한 걱정을 넘어 모두가 함께 실천하고 행동해야 할 때입니다. 온실기체를 줄이고 재생에너지로의 전환을 서두르는 우리의 선택이 미래세대가 살아갈 지구의 운명을 결정합니다. 지구는 아직 회복할 수 있어요. 우리가 함께 행동한다면요!

자연사박물관
수억 년 지구의 시간을 간직한 살아 있는 타임머신

2002년 겨울, 처음 영국 런던의 자연사박물관에 갔을 때 정말 놀랐어요. 박물관에 들어서자마자 천장에 떠 있는 거대한 대왕고래가 눈에 들어왔거든요. 실제 크기로 만든 이 고래는 길이가 무려 25미터나 되었어요. 그 압도적인 모습 앞에서 "지구에 이렇게 놀라운 생물이 존재했구나!" 하고 감탄했던 기억이 아직도 생생합니다.

자연사박물관은 말 그대로 자연과 생명의 역사를 보여주는 곳이에요. 수억 년 전 공룡부터 지금 살아 있는 동식물, 화석과 암석, 인류의 역사까지 다양한 자료를 전시하고 있죠. 이런 박물관의 시작은 16~17세기 유럽에서 귀족이나 학자들이 희귀한 동식물 표본, 광물, 골동품 등을 전시하던 '호기심의 방'이라는 개인 수집 공간이었어요. 그러다 점차 발전해 지금처럼 연구·교육 시설을 갖춘 박물관이 되었어요. 자연사박물관의 역할은 크게 네 가지로 나눌 수 있어요. 첫째는 수집과 보존이에요. 전 세계에서 모은 동식물, 화석, 암석 표본을 잘 모아 손상되지 않도록 특별한 환경에서 보관해요. 곤충은 핀으로 고정하고, 물속 생물은 알코올에 넣어 보존하기도 해요. 런던 자연사박물관에는 약 8천만 점의 표본이 있으며, 찰스 다윈이 직접 채집한 식물도 포함돼 있어요. 둘째는 연구예요. 과학자들은 표본을 바탕으로 진화, 생물다양성, 기후변화 같은 주제를 연구해요. 미국 자연사박물관에서는 공룡의 행동을 추정하거나 멸종한 생물의 DNA를 분석해 현대 생물과의 관계를 밝히는 연구도 이루어지고 있어요. 셋째는 전시예요. 실제 화석과 모형, 영상과 체험 자료를 활용해 관람객이 과학을 쉽고 흥미롭게 이해하도록 돕죠. 넷째는 교육이에요. 학생과 일반인을 대상으로 한 체험 교실, 강연, 워크숍을 통해 과학에 대한 관심을 키워줘요.

세계적으로 유명한 자연사박물관으로는 런던 자연사박물관, 뉴욕의 미국 자연사박물관, 파리 국립자연사박물관이 있어요. 런던 박물관은 멋진 빅토리아 양식 건물과 대왕고래, 공룡 전시로 유명하고, 미국 자연사박물관은 영화 〈박물관이 살아있다〉의 배경이기도 해요. 파리 박물관은 오래된 약초 정원에서 시작된 유럽의 대표적인 자연사박물관이에요. 우리나라에도 한국 최초의 공립 자연사박물관인 서대문자연사박물관을 비롯해 이화여대 자연사박물관, 고성 공룡박물관, 부산 해양자연사박물관 등 지역의 특색을 살린 멋진 박물관들이 운영되고 있어요.

　　자연사박물관은 그냥 오래된 화석을 모아둔 정적인 장소가 아닙니다. 지구가 어떻게 태어나 변화해 왔는지, 그리고 그 긴 시간 속에서 얼마나 다양한 생명이 치열하게 살아왔는지를 생생하게 증명하는 공간입니다. 이곳을 차근차근 둘러보고 나면 자연과 생명을 바라보는 여러분의 시선은 이전과 완전히 달라질 거예요. 지구를 더 소중하게 여기는 마음을 심어주는 자연사박물관은, 우리 모두를 위한 가장 생생한 '살아있는 과학 교과서'입니다.

#교과 #생물의_구성과_다양성 #지속가능한_삶 #과학적_탐구 #과학기술과_인류_문명

생물자원관
지구의 생명을 기록하고
미래를 설계하는 거대한 도서관

충청남도 서천에는 국립해양생물자원관이 있어요. 이곳에 들어서면 가장 먼저 '생명의 탑'이라는 대형 조형물이 눈에 띕니다. 아래에는 미생물, 위로 갈수록 물고기와 해양 포유류처럼 점점 복잡하고 다양한 생물들이 이어져 있어요. 이 조형물은 바닷속 생명이 오랜 시간에 걸쳐 어떻게 진화했는지 보여주는 거대한 이야기책 같아요. 해양 생물의 다양성과 신비로움이 느껴집니다. 국립해양생물자원관은 단순한 전시 공간이 아니라, 우리나라 해양 생물자원을 조사하고 기록·보존하는 역할을 해요. 연구원들은 산과 강, 바다, 섬, 습지 등을 직접 조사하며 새로운 종이나 멸종위기에 처한 생물을 찾아내기도 합니다. 이렇게 모은 생물 중 일부는 말려서 보관하거나 액체에 담그기도 하고, 냉동보관하거나 DNA 정보로 저장됩니다. 표본은 연구 자료로 활용되고 학생들의 공부에 이용되거나 법적인 자료로도 쓰입니다. 디지털 기록을 통해 전 세계와 공유되며 미래세대에도 전해져요. 생물을 비교, 분류하고 유전자를 분석해 분류와 진화 과정을 알아보는 연구도 이루어져요. 일부 생물에서 발견되는 물질은 신약 개발이나 친환경 산업, 바이오 에너지 기술로 이어지며 산업적으로도 활용돼요. 이런 연구는 해양 생태계를 보호하는 데 그치지 않고, 우리의 삶을 더 나아지게 하는 데도 기여해요. 관람객은 희귀한 해양 생물을 직접 보고 해설을 들으며 생물다양성의 가치를 이해할 수 있어요. 우리나라에는 생물자원관이 네 곳 있습니다. 인천의 국립생물자원관은 주로 육지 생물을 맡고 있고, 서천의 국립해양생물자원관은 바다에 집중합니다. 상주에는 낙동강 근처의 민물 생물을 조사하는 국립낙동강생물자원관, 목포에는 섬 지역 생물을 연구하는 국립호남권생물자원관이 있어요. 이들은 서로 협력하며 우리나라 생물자원을 종합적으로 조사하고 보호해요. 생물자원관은 목적 없이 생명을 수집해 전시하는 곳이 아니라, 생명을 기록하며 사람과 자연이 공존할 미래를 준비하는 소중한 공간입니다. 다양한 생명이 어우러져 살아가는 지구를 지키는 일은 우리 모두의 책임이며, 생물자원관은 그 책임을 실천하는 든든한 출발점이 되어줍니다. 여러분도 기회가 된다면 생물자원관을 방문해보세요. 전시를 즐기는 동안 자연의 소중함이 여러분의 마음속에 더욱 가까이 다가올 거예요.

#교과 #생물의_구성과_다양성 #지속가능한_삶 #과학적_탐구 #과학기술과_인류_문명

국립생태원
지구 곳곳의 생태계를 모아볼까요?

얼마 전 충청남도에 있는 국립생태원을 다녀왔어요. 그곳에 들어서는 순간, 마치 지구 곳곳을 여행하는 기분이 들었어요. 입구를 지나 '에코리움'이라는 건물에 들어가자 열대우림 특유의 습하고 따뜻한 공기가 느껴졌죠. 키 큰 나무들 사이를 걷다 보니 아마존 정글 한가운데에 있는 듯했어요. 이어서 만난 사막관에는 애리조나, 아프리카 등지의 사막 식물들이 자라고 있었습니다. 척박한 환경에서도 살아가는 식물을 직접 볼 수 있어서 인상 깊었어요. 가장 기억에 남는 곳은 극지관이었어요. 진짜 펭귄들이 살고 있었거든요! 유리 너머에서 헤엄치고 걷고 서로 장난치는 펭귄들을 직접 보며, 극한 환경에 적응한 생물들의 생태를 눈앞에서 느낄 수 있다는 사실이 감동적이었습니다.

국립생태원은 우리나라의 자연과 생태계를 지키기 위해 연구와 교육을 함께 수행하는 기관이에요. 도시화와 산업화로 자연이 줄어드는 상황에서, 생태계를 보전하고 생물다양성을 지키려면 이런 기관이 꼭 필요합니다. 멸종 위기에 처한 생물을 보호하고 다시 자연으로 돌려보내는 프로그램도 운영하고 있어요. 종복원센터에서는 반달가슴곰이나 여우처럼 점점 사라지고 있는 동물을 인공적으로 번식시켜요. 그리고 시간이 지나면 자연으로 돌려보내 야생에서 다시 살 수 있게 돕습니다. 이처럼 멸종위기종을 지키는 일은 생태계의 균형을 회복하는 데 아주 중요합니다.

또한 습지센터에서는 우리나라 습지를 조사하며, 습지에 사는 생물과 그 환경이 얼마나 건강한지 연구해요. 습지는 생물들의 서식지일 뿐 아니라 물을 정화하고 탄소를 저장해 기후변화를 완화하는 중요한 공간입니다. 이 밖에도 생태교육센터는 청소년과 시민을 위한 체험 프로그램, 강의를 열어요. 기후변화대응센터에서는 날씨와 환경 변화를 연구하고, 우리가 어떻게 대응해야 하는지 생태와 환경 문제를 쉽게 이해할 수 있도록 돕고 있어요.

국립생태원은 생물을 구경만 하는 곳이 아니라, 과학자들이 자연을 연구하고 미래 세대를 위해 생명을 지키는 공간이에요. 생태와 환경에 대해 배우고 직접 둘러보며 생태계의 다양성과 소중함을 느끼니, 우리가 자연을 보호해야 할 책임도 함께 깨닫게 되지요. 이곳에 방문한다면 지구 생태계를 이해하고 자연의 가치를 생각해보는 뜻깊은 시간을 보낼 수 있을 거예요.

🔍 #교과 #생물의_구성과_다양성 #지속가능한_삶 #과학적_탐구 #과학기술과_인류_문명

종자 저장고와 종자은행

씨앗을 품고 미래를 심는 인류의 마지막 보물 창고

약 6,600만 년 전, 아주 오래전 지구에 거대한 소행성이 충돌했습니다. 이 충돌로 인해 하늘은 먼지와 연기로 가득 찼고, 태양 빛이 차단되면서 지구의 기온은 급격히 떨어졌습니다. 햇빛을 받지 못한 식물들은 제대로 자랄 수 없었고, 식물이 줄어들자 초식 동물이 사라졌으며 이들을 사냥하던 포식 동물들도 함께 멸종했습니다. 그중 가장 잘 알려진 멸종 동물이 바로 공룡입니다. 만약 이런 거대한 재앙이 오늘날 다시 닥친다면, 우리 인류는 과연 살아남을 수 있을까요?

혹시라도 그런 비극적인 일이 생긴다면, 살아남은 사람들이 다시 농사를 지으려 해도 씨앗이 없다면 아무것도 심을 수 없겠죠. 그래서 전 세계는 중요한 씨앗들을 미리 안전하게 보관해두는 '종자 저장고'라는 시설을 운영하고 있습니다. 종자 저장고는 여러 작물의 씨앗을 오랫동안 보전하여, 전쟁이나 급격한 기후변화, 병해충 같은 큰 위기가 닥치더라도 인류가 다시 농사를 시작하고 식량을 확보할 수 있도록 돕는 곳입니다.

가장 유명한 시설은 노르웨이 스발바르 제도에 위치한 '글로벌 종자 저장고(Global Seed Vault)'입니다. 이곳은 북극 근처의 영구동토층 지하에 있어 아주 춥고 안정된 환경이 유지됩니다. 설령 전기가 끊기는 사고가 발생하더라도 주변의 낮은 온도 덕분에 씨앗이 상하지 않고 장기간 보관될 수 있습니다. 지구에서 가장 안전한 씨앗 창고 중 하나로 손꼽히는 이곳은 '지구의 노아의 방주'라는 별명으로도 불립니다. 이곳에는 쌀, 밀, 옥수수, 콩 같은 핵심 곡물뿐만 아니라 세계 각국의 고유 작물 씨앗까지 무려 100만 개 이상이 저장되어 있습니다.

글로벌 종자 저장고 외에도 각 나라에는 '종자은행(Seed Bank)'이라는 시설이 있습니다. 종자은행은 각 국가가 자체적으로 운영하며 지역 특유의 작물과 식물 자원을 보존합니다. 주로 농업 연구소나 대학, 정부 기관에서 관리하며, 씨앗이 건강한 상태를 유지하도록 온도와 습도를 정밀하게 조절합니다. 또한 주기적으로 씨앗의 생명력을 확인하며 철저하게 관리해요.

우리나라에도 소중한 종자 자원을 지키는 종자은행이 있어요. 전북 전주에 있는 '국립농업유전자원센터'가 그 주인공입니다. 이곳에서는 30만 점이 넘는 식물 씨앗을 수집해 보관하고 있으며, 연구나 재배가 필요한 농부와 학자들에게 나눠주기도 합니다. 우리나라의 전통 작물은 물론, 멸종위기 식물과 특별한 유전적 특성을 가진 식물들을 함께 보호하고 있어 식량 문제 해결과 생물다양성 보존에 핵심적인 역할을 수행합니다.

해외 각국 역시 저마다의 종자은행을 활발히 운영 중입니다. 미국의 국립유전자원보존센터는 최첨단 냉동 기술로 방대한 양의 씨앗을 보존하고 있으며, 인도는 다양한 기후에 적응한 작물 유전자원을 모아 연구하는 대규모 기관을 보유하고 있습니다. 일본의 NIAS 유전자은행 또한 농업 전통을 계승하고 식물 다양성을 지키기 위해 힘쓰고 있습니다.

이처럼 세계 곳곳의 종자 저장고와 종자은행은 단지 씨앗을 모아두는 창고가 아닙니다. 앞으로 닥칠지 모르는 식량 위기에 대비하고, 지구의 소중한 생물종과 농업 문화를 계승하는 거대한 약속의 장소입니다. 겉보기에는 작디작은 씨앗 한 알이 위기의 순간에는 인류를 다시 살릴 수 있는 가장 소중한 자원이 됩니다. 우리가 이 씨앗들을 정성껏 지키고 보관하는 일은, 바로 지구의 미래를 심는 일과 같습니다.